ねずさんが描く

女性の日本史

小名木善行
Onagi Zenko

グッドブックス

女性の日本史

はじめに

ねず式・日本史三部作

本書は、『庶民の日本史』『奇蹟の日本史』に続く三部作です。

『庶民の日本史』では、この日本という国に生を享《う》けた名もなき庶民の営《いとな》みに太古《たいこ》から光を当て、この国がいかによろこびあふれる国であったかということをお伝えしました。

日本の歴史は庶民の歴史です。歴史の表舞台に立つ、ひと握りの英雄たちではなく、庶民が文化を築き、その庶民を大切にするという天皇の強い御意志のもと、試行錯誤を積み重ねてきたのが日本の歴史です。そして、そのような歴史をもつ国は世界中のどこを探しても、日本しかありません。

続く『奇蹟の日本史』では、世界に類のない自由で平等な社会、高度な文化を我が国がいかにして形づくっていったのか。どのようにして、庶民がそうした暮らしを送れるようになったのか。日本の国づくりの原点を探りました。

タイトルの「奇蹟」には、単なる「奇跡」ではなく、神様が起こす「奇蹟」という意味が込められています。日本は神様に守られ、奇蹟を与えられた国だということをご理解いただけていたら幸いです。

そして、そんな日本がどこまでも大切にしてきたのが、女性です。

「本当に？」とお疑いになる方もいるかもしれませんが、これは揺《ゆ》るぎのない事実です。日本では、女性だけが神様とつながる特別な権限をもっていると古い時代から考えられてきました。

そのことがいかに重要な意味をもつのかを本書でお伝えできればと思っています。

「庶民」「神から与えられた奇蹟の国づくり」「女性」。日本を語るうえで外すことができない、この大切な三要素を三部作としてお贈りできるのはこの上ない幸せです。

本書『ねずさんが描く女性の日本史』では、教科書に載《の》っているような有名な女性が何人も登場してきます。それらの女性たちが歴史に刻まれるような足跡《そくせき》を残すことができたのは、彼女たち自身の優秀さや努力が大きいことは言うまでもありません。

でも、その裏にはそうした女性たちを正当に賞賛できる日本の土壌、日本人の精神があることを忘れてはならないと思います。そしてこの精神は特定の一部の女性にだけ向けられたものではなく、多くの傍《かたわ》らにいる女性たちにも向けられたものに違いないのです。

天照大御神が女性神である理由

たとえば、結婚したカップルのことを「夫婦《ふうふ》」と言いますが、じつは戦前は「めおと」と言いました。「めおと」は漢字で書いたら「妻夫」です。「妻」が先で「夫」が後ろです。

現代でも多くの男性が妻のことを「かみさん」と呼びます。意識していないかもしれませんが、それは「女性が家の神様」だからです。

なぜ神様なのか、縄文《じょうもん》時代の土偶《どぐう》から推測することができます。

丸い大きなお腹をしたその土偶は女性神であり、妊娠中の女性をあらわしていると考えられています。

子を産《う》む力は、女性にしか備《そな》わっていません。命を産み出す力は、神の力です。

このことと、日本の最高神である天照大御神《あまてらすおおみかみ》が女性神であることとは無関係ではありません。


『古事記《こじき》』『日本書紀《にほんしょき》』（以降、「記紀」とする）は天照大御神を女性神としますが、古史古伝の中には、たとえばホツマツタヱのように天照大御神を男性神とするものもあります。

どちらが正しいのかと議論する向きもありますが、実際に会った現代人はいないのですから、本当のことは誰にもわかりません。

ただ、誰かによって書かれ伝えられているものは、それぞれ意図・目的をもったものであるということだけは間違いありません。後世に生きる我々にとって重要なことは、その意図を汲《く》み、学ばせていただくという姿勢です。

どちらが正しいのかではなく、記紀には記紀の目的、ホツマツタヱにはホツマツタヱの書かれた目的があるということをまず理解することが大切であると思います。

大切なことは、記紀が日本を統一国家にすることを目的に編纂《へんさん》された正史であり、そのときに天照大御神を女性神として描写したという事実です。

男らしさ、女らしさ

女性神の土偶がつくられた縄文時代には男と女はどちらも不可欠な存在として、互いに協力し合い、共存して、互いの良いところや特徴を活かし合いながら、一緒に未来を築いていました。

そのために、男は男らしく、女は女らしく生きることが重要視されました。

「男らしく」「女らしく」とは、どういうことか？　現代ではそういう議論が盛んにおこなわれ、ネガティブにとらえられることも多いようですが、私たちの祖先はそこに互いへの「尊敬」を込めていました。

男女が「対立関係」ではなく、「対等な関係」にあるということに加え、男女の性差について、肉体性ではなく、精神性を重視したということでもあります。

日本における男らしさは、筋骨隆々《きんこつりゅうりゅう》ではなく、女らしさは色香《いろか》ではありません。それぞれの心根《こころね》の美しさ、生き方にこそ、男らしさ、女らしさがあるとされました。

昔から、日ごろ女言葉を使い、女性のような仕草を日常的におこなう男もいましたが、体が男なら、それはあくまで男です。「らしくない」からといって、特段それが差別の対象になることもありませんでした。

なぜなら、日本人は「人は皆、《対等》である」と考えていたからです。

「対等」とは、相手をまるごと認めながら、双方ともに共存し、共栄していこうという考え方です。

女には子を産む力があり、男には強い力があります。

縄文時代、男は、女が安心して子を産み育てることができるよう産屋《うぶや》を建て、自分は野に海に命がけで出かけていき、食料を得てくるのが役割でした。

そうして、愛し合う男女は子をもうけると、今度は子供たちの未来のために、互いに役割分担して共存し、子供たちの成長を協力し合って見守り、子孫を繁栄させました。

ひとつのことを男女それぞれで等分に負担してきたのです。

男女という性差がある以上、特性にも違いがあります。互いの特性を認め合い、敬《うやま》い合って、子孫を繁栄させてきた、その営みの象徴が、縄文時代の土偶であると思うのです。

女性を神のように崇《あが》め、子孫繁栄のために男女が手を取り合って生きていた。日本人のこの知恵を「結び」といいます。

「結び」の中で、私たちの祖先たちがどのように女性を大切にしてきたか、本書を通して見ていきたいと思います。

もくじ

第二章　諸外国の女性観

第三章　日本の女性観

第四章　歌で読み解く女性の輝き

第一章

古代日本と女性尊崇

一　魏志倭人伝が伝える日本の姿

大王・卑弥呼

現在、世界一有名な日本人といえば、誰でしょう。

やはり、大谷翔平選手でしょうか。経済界でいえば、ユニクロの柳井正氏、ソフトバンクの孫正義氏、カルチャーでいえば、村上春樹さんや鳥山明さんかもしれません。

それでは、初めて国外に名を知られた日本人といったら誰でしょう。

それが、卑弥呼《ひみこ》です。

このことは、チャイナに残る魏志倭人伝《ぎしわじんでん》ほか、複数の史書に書かれていることです。

『魏志倭人伝』は、西晋《せいしん》の陳寿《ちんじゅ》により三世紀末に書かれた『三国史』に納められたもので、チャイナでは正史とされるものです。正式名称は「魏書」第三〇巻「烏丸鮮卑東夷《うがんせんびとうい》伝《でん》・倭人条」といいます。

すこし長文になりますが、その記述を見てみることにしましょう。


「その風俗は淫《みだ》らならず」


〈原文〉

南男子無大小　皆黥面文身　自古以来　其使詣中國　皆自稱大夫
〈読み下し文〉

男子は大小なく、みな黥面文身《げいめんぶんしん》す。いにしえより以来、その使、中国に詣《いた》るや、皆、大夫を自称す。

〈現代語訳〉

男性は大人も子供も、みんな顔や体に入れ墨をしています。そんな入れ墨をした人たちが、中国の皇帝に使者を送るときは、自分は大夫《たゆう》であると自称します。

〈原文〉

其風俗不淫　男子皆露紒　以木緜招頭　其衣横幅　但結束相連略無縫

婦人被髪屈紒　作衣如單被　穿其中央　貫頭衣之

〈読み下し文〉

その風俗は淫《みだ》らならず。男子はみな露《ろ》（何もかぶらない）し、木綿《もめん》を以って頭《こうべ》を招《くく》る。その衣《きぬ》は横幅にして、ただ結束して相連《あいつら》ね、ほぼ縫ふことなし。婦人は被髪《ひはつ》を屈《お》る（おでこに髪を垂らし後ろ髪を折り曲げて結う）。衣《きぬ》を作ること単被《ひとえ》のごとくして、その中央を穿《うが》ち、頭《こうべ》を貫《ぬ》きて之を衣《き》る。

〈現代語訳〉

その風俗は淫《みだ》らではなく、男子はみな、帽子をかぶるのではなく、木綿の布で頭をくくります。また着るものは、大きな布を身体に巻くだけで、ほぼ縫うことはありません。婦人は髪の毛を束ねて、折り曲げて頭の上で結っています。女性の衣装も単被《ひとえ》のようなもので、布の中央に穴を開け、その穴に頭を通して、これを着ています。

〈原文〉

其俗　擧事行來有所云為　輒灼骨而卜以占吉凶　先告所卜　其辭如令龜法

視火坼占兆

〈読み下し文〉

その俗、事を挙げ、行来《おうらい》するに云為《いいな》すところあれば、すなはち、骨を灼《や》きて卜《ぼく》し、以って吉凶を占《うらな》ふ。先に卜するところを告げる。その辞《ことば》は令亀法《れいきほう》の如《ごと》し。火坼《かたく》を視《み》て、兆《きざ》しを占ふ。

〈現代語訳〉

その風俗は、なにか事件が起きて、往来でも議論が起きるときには、骨を焼いて占《うらな》いをして、どうすれば良いのかの吉凶《きっきょう》を占います。占い方は、まずはじめに何を占うかを告げるのですが、この告げるときの言葉は、まるで亀が這《は》うような感じの言葉です。そして骨が火で焼ける様子を見て、兆《きざ》しを占います。

「会同坐起に父子男女の別なし」

〈原文〉

其會同坐起　父子男女無別　人性嗜酒　其俗國大人皆四五婦　下戸或二三婦

婦人不淫不妬忌　不盗竊少諍訟

〈読み下し文〉

その会同《かいどう》の坐起《ざき》に、父子男女の別なし。人の性は酒を嗜《たしな》む。その俗、国の大人《たいじん》は、皆、四、五婦なり。下戸《げこ》は或いは二、三婦なり。婦人は淫《いん》せず、妬忌《しっき》せず。盗竊《とうしょう》せず、諍訟《そしょう》少なし。

〈現代語訳〉

人々が集会をするときの席順には、父と子であるとか、男と女といった区別はありません。そこで人々は酒を飲みます。

また婚姻関係を見ると、力のある男たちは皆、四、五人の妻を持っています。下の人たちであっても、二、三人の妻を持っています。女性たちは、決して浮気や不倫などをせず、また他の妻に嫉妬することもありません。そもそもこの国に泥棒もこそ泥もなく、そのため訴訟自体が少ないのです。

女性を王にすると国が治まった

〈原文〉

其國本亦以男子為王　住七八十年　倭國亂相攻伐歴年　乃共立一女子為王
名曰卑彌呼　事鬼道能惑衆　年已長大　無夫壻　有男弟佐治國

〈読み下し文〉

その国、本《もと》はまた男子を以って王《きみ》と為《な》す。住みて七、八十年、倭国は乱れ、相攻伐《あいこうばつ》して年を歴《へ》る。すなはち一女子を共に立て王《きみ》と為《な》す。名は卑弥呼《ひみこ》といふ。鬼道《きどう》に事《つか》へ、よく衆を惑《まど》はす。年《よわい》、すでに長大《ちょうだい》にして、夫婿《むこ》なし。男弟《だんてい》有りて国を治むるを佐《たす》く。

〈現代語訳〉

その国では、もともとは男性を王《きみ》としていたのですが、その後、七、八十年にわたって倭国内が乱れ、内乱状態が続きました。そこで王たちは、ひとりの女性を共に立てて大王にしました。その女性の名前は卑弥呼《ひみこ》といい、鬼道《きどう》を用いて民衆を惑《まど》わす人でした。この女性は、すでに年配の女性で、独身でした。そしてその卑弥呼には、男性の弟がいて、その弟が国を治める補佐をしていました。

〈原文〉

女王国東渡海千餘里　復有國　皆倭種又有侏儒國在其南　人長三四尺

去女王四千餘里　又有裸國黒齒國　復在其東南　船行一年可至

〈読み下し文〉

女王の国の東、海を渡ること千余里にして、また国有り。みな倭種《わしゅ》なり。また、侏《しゅ》儒国《じゅこく》あり、その南に在り。人長《にんちょう》は三、四尺なり。女王を去ること四千余里、また裸国《らこく》、黒歯国《こくしこく》あり。

またその東南に在り。船行《せんこう》一年にして至るべし。

〈現代語訳〉

その女王卑弥呼の国の東の方角に千里以上も海を渡った先にも国があります。そこもまた倭人が住むところです。また侏儒国《しゅじゅこく》という国がその南側にあります。倭人たちの身長は三、四尺（90～120センチ）です。また、女王卑弥呼の国から四千里以上も離れたところにも、裸国《らこく》、黒歯国《こくしこく》という国があります。

またその東南にも国があります。そこは船で一年も行った先です。

〈原文〉
更立男王　國中不服　更相誅殺　當時殺千餘人　復立卑彌呼宗女壹與年十三為王國中遂定

〈読み下し文〉

さらに男王《だんおう》を立てる。国中《くになか》服さず。さらに相誅殺《あいちゅうさつ》し、当時、千余人を殺す。復《ふく》して卑弥呼の宗女壹與《そうじょいよ》、年十三を立てて王と為《な》す。国中遂《つい》に定まる。


〈現代語訳〉

その後、卑弥呼の国では、卑弥呼の後任として男性が王になったのですが、倭人たちの国々は、この男性の王に服さず、国内でまた殺戮《さつりく》が繰り返される内乱状態になりました。当時、千余人が殺害されたといいます。そこであらためて卑弥呼の一族の壹《い》與《よ》という十三歳の女性を王にしたところ、国中の乱がおさまりました。

それでは、内容についての解説をしていきましょう。

卑弥呼については教科書などですでにご存じの方も多いと思います。

それ以外にも邪馬壹国《やまとこく》の所在地であったり、当時の倭国の庶民の姿であったりと、じつに重要なことが魏志倭人伝に記《しる》されていることがおわかりいただけたことと思います。

本書を読み進めるうち、この史書に書かれている私たちの祖先の姿が日本人の精神性にどのように影響し、現在の私たちにまでつながっているかがわかっていただけると思います。

まずは、卑弥呼について、少しお話しします。

「鬼道に事《つか》へ、よく衆を惑《まど》はす」というと、あまりいいイメージが湧《わ》きませんが、チャイナは自分の国にないものはすべて「鬼」など、まがまがしいものとするところがあります。

卑弥呼の名に「卑《いや》しい」という文字が入れられているのもその一例でしょう。実際には

「卑弥呼」は、「比売靈女《ひめみこ》」か「日の巫女《みこ》」であったのでしょう。靈という字は、略字が巫ですから「比売靈女」なら、巫女さんです。巫女の役割は神々とつながることです。

卑弥呼に関する記述の少し前に「骨を灼《や》きて卜《ぼく》し、以って吉凶を占ふ」という箇所があります。文字どおり占いのことで、神々とつながる卑弥呼を頂点として、こうした占いがおこなわれていたのでしょう。

卑弥呼が生きた二世紀の日本（倭国）では大乱が起きたことも記されています。このとき、王たちが卑弥呼を大王にしました。すると乱がおさまりました。

卑弥呼が亡くなると、男を大王としました。すると、倭国は再び大乱に包まれました。そこで、卑弥呼の一族の娘の壹與《いよ》を大王にすると、倭国の乱がおさまったとあります。

男が大王になると、大乱が起こり、女が大王になるとそれがおさまる。このことはいったい何を意味しているのでしょうか。ここはとても重要なところですが、ここでは、この問題意識だけをもって、次に進みたいと思います。

今につながる三世紀ごろの良き風習

「男子は大小なく、みな黥面文身《げいめんぶんしん》す」の「黥面」とは、顔への入れ墨のことです。「文身」が身体への入れ墨です。邪馬壹国の男たちは年齢に関係なく、みな顔や身体に入れ墨を入れていると伝えています。

これは彼らが海に入り、魚を獲っていた海人族《あまぞく》であることを示します。入れ墨は皮膚の下に墨を入れるため、海中で体温の低下を防ぐ役目があるといいます。今でいうウェットスーツの代わりです。

また、海に携わる仕事をしている方々の中では、海の事故で亡くなった際、洋服などが流されても遺体が特定されやすいよう入れ墨を入れる習慣が残っている地方が今もあります。

「顔に入れ墨」というと、さも野蛮人のようなイメージを抱きがちですが、そうではなく高度な生活の知恵であったのです。

次に、注目したいのが「その会同坐起《かいどうざき》には、父子男女別なし」です。

「会同」というのは、簡単にいえば、村の会議のことです。今でいう町内会やマンションの自治会の会議のようなものです。その会議の「坐起」、つまり席順が「父子男女別なし」と書かれているわけです。

では、いったいどのような席順で会議がおこなわれていたのでしょうか。

この答えが、八六八年ごろに編纂《へんさん》された『養老令《ようろうりょう》』の注釈書である『令集解《りょうのしゅうげ》』の中にあります。

この書の中に『古記』という、七三八年ごろに成立した『大宝令《たいほうりょう》』の注釈書（今は現存していない）が断片的に引用されています。

さらにその『古記』の中に、もっと古い文献の引用として、「一云《あるにいわく》」という節が多数用いられて引用されています。

その「一云」として引用された文献の名は伝わっていません。ですが、これがじつにおもしろい史料で、七〜八世紀ごろの日本の庶民の生活の模様が、活き活きと描かれています。

拙著『庶民の日本史』でも紹介しましたが、ねず式現代語訳で今一度、見てみましょう。

日本国内の諸国には、村ごとに神社があります。その神社には、社官がいます。人々はその社官のことを「社首」と呼んでいます。

村人たちがさまざまな用事で他の土地に出かけるときは、道中の無事を祈って神社に供え物をします。

あるいは収穫時には、各家の収穫高に応じて、初穂を神社の神様に捧げます。神社の社首は、そうして捧げられた供物《くもつ》を元手として、稲や種を村人に貸付け、その利息を取ります。

春の豊年満作を祈るお祭りのときには、村人たちはあらかじめお酒を用意します。お祭りの当日になると、神様に捧《ささ》げるための食べ物と、参加者たち皆のための食事を皆で用意します。

そして老若男女を問わず、村人たち全員が神社に集まり、神様にお祈りを捧げたあと、社首が重々しく国家の法を皆に知らせます。

その後、皆で宴会をします。

宴会のときは、家格や貧富の別にかかわりなく、ただ年齢順に席を定め、若者たちが給仕をします。

このようなお祭りは、豊年満作を祈る春のお祭りと、収穫に感謝する秋のお祭りのときにおこなわれています。


これが、今から千年以上前の、日本の庶民の姿です。

ここには、神社に村の皆が月に一度集まって、宮司さんから中央の指示を聞いたり、神語りなどの勉強をしたりしていた様子が描かれています。

そして、その後は必ず「直会《なおらい》」という宴会がおこなわれました。

この直会の席順について、「家格や貧富の別にかかわりなく、ただ年齢順に席を定めた」と書いているのです。

社会的身分や、貧富、男女の別なく、ただ年齢順。

この「単純年齢順」の席順は、今でも習慣として残っています。つまり、『魏志倭人伝』に書かれている三世紀後ごろの日本の庶民の様子は、そのまま「一云」に書かれている千年前の日本の姿だし、現代にも続く日本人の姿だということです。時代はちゃんとつながっているのです。

日本の席順が単純年齢順だった理由

では、ここで問題です。

日本では、どうして席順が「単純年齢順」だったのでしょうか。

世界中どこでも、席順というのは重要です。身分の高い人が上座《かみざ》に座り、身分の低い人が下座《しもざ》に座る。場合によっては身分の低い人は、座敷にも上げてもらえず、土間で食事をすることもある。

上座に座るのは、いつだって「社会的地位が高い人」であったり、「お金持ち」であったりします。

西洋化した現代日本でも、そうした姿はそこここに見られますし、会社などでは社長が「今日は無礼講で行こう」なんて言いながら、席だけは最奥、つまり最上位の席を絶対に譲らない、ということがあります。

ところが、二〜三世紀の日本、七〜八世紀ごろの日本、そして現代日本においても、ちょっと田舎のほうに行けば、席順は単純年齢順なのです。

そして、ご存じのとおり、男性よりも女性のほうが長生きです。なので、大抵の場合、最年長はお婆《ばあ》ちゃんです。ですから、最上位の席に座るのは、いつもお婆ちゃん。次にもやはりお婆ちゃんやお爺《じい》ちゃんたちが座り、下座に行くに従ってだんだん若くなります。

あなたがいわゆる冠婚葬祭や何かの会合に出席したとき、いちばん上座にお婆ちゃんが座っていたら、どんな感想をもちますか？

「特に、感想はないなあ」「とりわけ、気づくこともないかもしれない」

今の大方《おおかた》の日本人はこんなふうに感じるのではないでしょうか。このことこそが、日本人ならではの、日本独自の感性であると気づかないまま。

最上位に女性が座っても違和感をおぼえたり、不快に思う人がいないのは、日本人ならではことなのです。

席の上下はとても重要なものです。それを無視したら、たいへんな失礼にあたります。それが日本では単純年齢順であり、社会的地位が高くても、どんなにお金持ちでも、年齢の前には下座に着かなければなりません。男女の差などもまったくありません。

じつは、ここに日本文化の非常に大切な一面があります。

それは、「我が国は、社会的地位や財力より『健康』と『長寿』を大切にした」そういう社会を形成してきた歴史をもつということだからです。

今でも、たとえば百歳になるお婆ちゃんのもとで、三世代、四世代の子や孫、ひ孫までが勢ぞろいしたような写真を見ると、大抵の人が目を細めて「幸せ」を感じます。

そして、なんだか「生きるって素敵だな」って思うのです。

ところが内閣の発足の際の階段での総理大臣以下閣僚たちの集合写真を見て、そこに「幸せ」を感じる日本人は、当事者でもないかぎり、まずほとんどいません。

あるいは懇親会などで、お金持ちのスポンサーの社長さんなどが長々と壇上で挨拶をしていると、参加者のほぼ全員が退屈を感じたりします。アメリカ映画のように、そこで称賛の拍手が起きるなんてことは、日本ではあまりありません。

これが何を意味しているかというと、日本では「健康と長寿」が何世紀にもわたって、何より大切な、人の幸せと考えられてきたということです。

そのために国政は、国民の「安全、安心、安定」を目指しました。なぜかといえば、国民が「健康と長寿」を得るためです。

国家権力は、軍事力、警察力、財務力ですが、国家が権力を用いて守ろうとしているのは、国民の「安全、安心、安定」です。つまり、我が国では、国のすべてが「健康、長寿、繁栄」のためにその仕組みの原点が形成されてきたといえるのです。

夜に政治を聴く――皇后の役割

もうひとつ、史書の記述を見てみましょう。『隋書』からの引用です。

隋の国は五八九年に建国されました。日本は第三十一代推古《すいこ》天皇、聖徳太子《しょうとくたいし》（厩戸王《うまやどのおう》とも称される）が摂政《せっしょう》の時代です。六〇〇年に日本から第一回の遣隋使が送られています。

そのことを『隋書』はこう伝えています。

隋の楊堅《ようけん》皇帝（高祖）に、倭王アメノタラシヒコからの使者が来た。高祖が所司（役人）を通じて倭国の風俗を尋ねさせたところ、使者は、

「倭王は天を兄とし日を弟《おと》として、夜明け前に政治を聴《き》き、日が出ると仕事を止《や》めて弟に委《ゆだ》ねる」

と、述べた。

高祖は倭国の政治のあり方が道理に外れたものだと納得できず、改めるよう訓令した。


お話ししたとおり、倭国の政治のあり方が「道理に外れたもの」とするのはチャイナらしいところです。それとも皆様も随の皇帝のように「仕事を弟に委ね、昼は仕事をしないなんておかしいのでは？」とお思いでしょうか。

じつはこの記述には私たちが我が国・日本を正しく理解する上で重要なことが二点、書かれています。

第一に、日本では結婚すると身内になるという考えから、夫《おと》＝弟《おと》、妻＝妹《いも》と表現しました。つまり「弟《おと》」というのは、兄弟ではなく、配偶者を意味するのです。

第二に、「夜明け前に政治を聴き、日が出ると仕事を止めて弟に委ねる」という点です。「政治を聴き」という表現に注目しましょう。この政治形態は、遣隋使の送られた推古天皇の時代に限ったものではなく、それまでずっと続いていた我が国の政治の仕組みを語っているといえます。

朝日が昇るまでの時間、日本のトップである天皇が誰に政治を「聴いて」いるのかといえば、神様以外に考えられません。

では誰が聴くのがいちばんよいかといえば、それは神とつながることができる女性、この場合は皇后《おほきさき》しかありません。

そして我が国の縄文以来の風習は、魏志倭人伝の卑弥呼にも明らかなように、神と直接つながることができる特権が女性だけに与えられているということです。

天皇の政治を神に聴くのです。そのような大事は、どこの馬の骨ともわからない、他人の巫女さんに任《まか》せるわけにはいきません。そうなれば、天皇に代わって神とつながり、神の声を聴くのは皇后陛下しかいない、ということになります。

そして、このために古代においては「おほきさき」、すなわち皇后になれる女性は、天皇の血筋《ちすじ》（霊統）を引く女性、つまり男系女子のみとされていたのです。

初代神武《じんむ》天皇から第三十二代崇峻《すしゅん》天皇まで、天皇はすべて男性です。つまり第三十二代天皇までの時代は、皇后が夜明け前に神の声を聴き、その声（御神託）を夫である天皇にお伝えし、これにもとづいて男性の天皇が政治を執りおこなっていたと考えられるのです。

そもそも女性だけが神と直接つながることができる、それも最高神とつながって、その声を聴くことができるという制度は、我が国の神語《かむかたり》にその実例を見ることができます。

巫女がトップに立つ意味

わかりやすいのが天の岩戸開きで活躍したアメノウズメです。天照大御神《あまてらすおほみかみ》がお隠れになっている岩戸の前で、神がかりの状態となって踊り、天照大御神にお出ましいただくことに成功する立役者となりましたが、彼女の名前は漢字で「天受売」と書きます。

「天受売」とは「天からの言葉を受け売り」する女性という意味です。そう、神に仕える巫女《みこ》であることをあらわしているのです。

夜が明けると、皇居の門が閉められます。朝廷《ちょうてい》で働く人たちは、夜明け前に皇居に出勤しなければなりません。夜が明けたら遅刻で、門から締め出しをくらってしまうからです。そして夜明けとともに国民への政治が始まります。もちろんその内容は、夜明け前に聴いた神々の御意思によります。神々の御意思であることが政治の権威となるからです。政治をおこなう場所である「朝廷」という言葉に、「朝」という字が使われているのはそういう意味があるのです。

このことが縄文以来、何千年も続く我が国の伝統文化になっていたからこそ、倭国大乱に際して女性の巫女さん、卑弥呼や壹與《いよ》がトップに立つことで、大乱が終わったのです。

そして、詳しくは後述しますが、女性として初めて天皇となられた第三十三代推古天皇以降、我が国では天皇が男性であっても女性であっても、天皇が神々とつながる祈りの存在となられました。

何のために神々とつながるのか？　我が国では「高天原《たかまがはら》と同じ統治をする」ことが、天照大御神の御遺命《ごゆいめい》だからです。

高天原の住民は、全員、神々です。これを八百万《やほよろず》の神々といいます。その高天原と同じ統治をするということは、我が国は国民を八百万の神々として大切にしていくこと、つまり国民が豊かに安全に安心して暮らせる世の中にしていくことが、最高神からの御命令であるからです。

そして繰り返しになりますが、神と直接つながることができるのは、女性だけに与えられた特権です。

神につながる存在として、女性を崇《あが》め、その言葉を大事に受け取ってきた私たち日本人の精神。

次にお話しすることでも、その稀有な精神をより感じていただけることと思います。

二　神功皇后によって成し遂げられた武の発動

教科書が教える神功皇后

神功《じんぐう》皇后は、第十四代仲哀《ちゅうあい》天皇の皇后《おほきさき》です。仲哀天皇は、ヤマトタケルの子です。

拙著『奇蹟の日本史』でもご紹介しましたが、『女性の日本史』とした以上、神功皇后とその御功績に触れないわけにはいきません。

戦後、まったく教えられることがなくなった神功皇后の御功績。そこには日本の武の心を学ぶ、とても重要な要素があります。

『奇蹟の日本史』では、日本書記の記述を中心に紹介しましたので、ここでは戦前の尋常小学読本でご一緒に学んでみたいと思います。原文は漢字とカタカナによる文語体ですので、いつものようにねず式で現代語訳します。

尋常小学読本（国定読本第一期）　第十八　神功皇后

神武《じんむ》天皇より少し後の仲哀天皇の時代、我が国の西方に悪者どもがいて、たいそうやりたい放題、わがままをしていました。

仲哀天皇は妻である神功皇后と、それを征伐《せいばつ》においでになりました。ところが、天皇は戦いのさなかに亡くなられてしまいました。

神功皇后は、

「この悪者どもがわがままをしておるのは外国の者が扶《たす》けているからだ。だからその外国を攻めたら、この悪者どもはわがままをやめるであろう」

と、お思いになりました。

そこで神功皇后は男装して、その外国を攻めに海を渡って行かれました。

すると、向かう国では、たいそう畏《おそ》れて、戦いもせずに、降参してしまいました。

そして「毎年、宝物を差し上げます」と約束しました。

皇后はそれを許して、お帰りになりました。

それから西方の悪者どもは、わがままをしないようになりました。また我が国の強いことが、前よりもよく外国に知られるようになりました。

戦前戦中の教育を受けた日本人（日本本土のみならず朝鮮半島や台湾、パラオなどの南洋の島々、樺太の南半分にいた人々）はこのように学んでいたのです。現在、神功皇后を知っている日本人いったいどれほどいるのでしょうか。

それはさておき。文中の「西方の悪者ども」というのは、仲哀天皇による熊襲《くまそ》征伐《せいばつ》のことで、仲哀天皇八年、西暦二〇〇年ごろの出来事であるとされています。

その仲哀天皇が崩御《ほうぎょ》されたとき、神功皇后のお腹《なか》には赤ちゃんがいました。その赤ちゃんが、のちの応神《おうじん》天皇となられます。

朝貢と人質のはじまり

神功皇后は身重《みおも》の身体で男装し、筑紫から玄界灘《げんかいなだ》を渡って朝鮮半島に出兵し、新羅《しらぎ》を攻《せ》めました。その勢いは「船が山に登らんばかりであった」といいます。

新羅王《しらぎおう》の波沙寐錦《はさむきん》はその勢いに恐れおののき、戦わずして降参し、朝貢《ちょうこう》を誓《ちか》って金・銀・絹を献上《けんじょう》しました。

そして、王子の微叱己知《みしこち》を人質《ひとじち》に差し出しました。

これが、我が国における公式記録にある朝貢と人質の習慣のはじまりです。

朝貢は恭順を誓うために毎年おこなわれます。また王子を人質として日本が預かって育て、日本人女性と結婚して子をもうけます。王子が次の王となったとき、その子が次の跡継ぎになります。

万一、国王が裏切れば、日本にいる王子が殺されます。戦いに勝ったとしても、跡継ぎがいないため国が滅びる、という仕組みです。

この神功皇后のときに始められた仕組みが、のちに源氏の制度に採《と》り入れられ、これがそのまま元大帝国（モンゴル）による世界の支配の基幹《きかん》システムになっていきます。

また、このとき高句麗《こうくり》と百済《くだら》も、倭国《わこく》への朝貢を約束しています。これにより、高句麗、新羅、百済の三国が、倭国の属国《ぞっこく》となったことから、これを「神功皇后の三韓征伐《さんかんせいばつ》」といいます。

皇后の出征《しゅっせい》が十月、そして同じ年の十二月には皇后は筑紫《つくし》に凱旋《がいせん》され、そこで応神《おうじん》天皇を御出産されています。

出産した場所は、「生み」から転じて「宇美」と書かれるようになり、これが今の福岡市宇美町《うみまち》の名の由来《ゆらい》になっています。

我が国の武の大原則を整理しましょう。

1　いざというときに敵の準備が整う前に破竹《はちく》の勢いで進撃《しんげき》（疾風迅雷《しっぷうじんらい》）すること。

2　これにより戦わずして勝つこと。

3　目の前の敵ではなく、その背後にある根っこを即時《そくじ》叩くこと。

4　日ごろから十分な戦力を養い、強いことを内外に知らしめること。

5　これによって、戦いそのものをなくすこと。

こうした、国家として重要な武の大原則を建てられたのも、神功皇后の御功績です。

何より重要なことは、この武の発動が、我が国において皇后という女性のパワーによって成し遂げられたことです。

日本書紀は、神功皇后が戦《いくさ》を始める前に、兵士たちに向かって「自《みずか》ら降伏してきた者は殺してはいけない」と伝えたと記しています。

基本的に、女性はパワーではなく、慈愛《じあい》です。その「慈愛こそがパワーの最重要要素なのだ」ということを、神功皇后はお示しになられたのです。

神功皇后についての三つの問題

ちなみに戦前の小学校では、この神功皇后の故事《こじ》を元に、テストや自習問題として、次の問題が出題されたそうです。

（1）神功皇后が新羅を討ち給《たま》ひし次第を語れ。
（神功皇后はどうして新羅を討ったのか、その理由を述べよ）
（2）三韓が皇威に服せしことにつき言へ。
（三韓はどうして日本の属国となる道を選んだのですか。その理由を述べよ）

（3）神功皇后の御功績を数（数）へあげよ。
（神功皇后のご功績は、何だったと思いますか。主なものを3つ挙《あ》げよ）

三問とも、小学五年生への設問です。レベルの高さに驚くばかりです。皆さんなら、どのようにお答えになられますか？

そして、この設問には三問とも「答えがない」ことにも注目が必要です。

よく「文系の学問には答えがなく、理系には答えがある」といいます。ほとんど慣用句のようになっているので、多くの日本人が、その言葉を額面どおりに受け止めていますが、考えてみると、現代教育では文系であっても正解があるのではないでしょうか。

たとえば、「文中の『それ』は何を指しますか？」「平城京ができた年は西暦何年ですか？」などです。教科書ガイドを見れば、正解が書いてあります。

しかし実生活に教科書ガイドなんてありませんし、このような設問のテストで良い点を取ったからといって、それが人生に何の役に立つのでしょう。

これに対し、前述の三問には、いずれも正解がありません。

正解がないのに設問になっているのは、生徒たちが「自分の頭で考える」ことが文系教育の、そして歴史教育の柱になっていたからです。

もちろん歴史の授業で「いつ何があったのか」を覚えることは、それなりに大切です。けれど、それ以上に「なぜそうなったのか」を自分の頭で考えることはもっと重要です。

なぜなら大人になれば、人生に答えなんかないからです。自分で考え、一生かけて自分で答えを見つけていくのが人生です。だから戦前戦中の教育では、自分の頭で考えることが重視されたのです。

戦後はGHQによってこうした教育が否定されました。学校での歴史教育は「社会」となり、日本史は社会科の中の日本の歴史的分野となりました。

本来、歴史は母国の成り立ちを学ぶことで、母国を今日まで導いてきた祖先への感謝と尊敬を育《はぐく》むものです。

年号を暗記するのではなく、どうしてその出来事が起こったのか、証拠を積み上げ、論理的な思考によって歴史の必然性を考察するものです。

それが単に年号を暗記させられる教科に成り下がったばかりか、これほど偉大な神功皇后のことを知らない国民のほうが多いような事態に、日本が陥《おちい》ってしまったのは、とても残念なことです。

三韓征伐の意味

神功皇后の時代、内乱状態にあったチャイナからは、大量の移民が朝鮮半島に押し寄せました。

朝鮮半島側にこのチャイナの人口圧力に耐える力はありません。それが、半島が倭国の領土の一部になったことによって、半島は独立を守ることができるようになりました。

理由は、意外なことに思われるかもしれませんが、明解です。

倭国には鉄の武器があったからです。これは刀槍《とうそう》の時代に鉄砲が圧倒的な力をもったのと同じで、青銅器の武器や防具に対して、鉄製の武器や防具は圧倒的な力をもちます。

要するに半島は、神功皇后の功績によって、国を、そして民族をチャイナから守り、保持できたのです。

このことは日本も同じです。

いくら鉄の武器をもっているといっても、チャイナの人口圧力の前には、大変な国難が待ち受けることになります。

そして、あとの時代に隋や唐といった強大な軍事超大国がチャイナに成立したとき、チャイナは昔から「遠交近攻」で、遠くの国には調略を用い、近くの国は直接の攻撃対象とします。

半島が隋や唐の一部であったとしたら、隣国は日本になります。

ところが、朝鮮半島に高句麗や百済、新羅が成立すると、隋や唐にとっての隣国は、まさに三韓になります。そして日本はチャイナから見て、むしろ仲間にしたい国になります。新羅を調略すれば、新羅は百済に警戒されるし、百済は高句麗と結んで新羅を叩く。百済と結べば、新羅が黙ってないといった具合に、三国が存在していることが、遠交近攻戦略にとって、たいへん大きな障害となるのです。

日本はさらにその先にあります。

こういう一連の流れの中に、神功皇后による三韓征伐がありました。

新羅の国力が成熟する前という最良のタイミングで神功皇后の朝鮮征伐がおこなわれ、

それにより日本は元寇《げんこう》を除いて、ずっと対外戦争から平和を保ち続けることができたのです。

神功皇后の御功績は、偉大です。

そして、尋常小学読本には書かれていませんが、記紀には神功皇后が神がかり、「熊襲《くまそ》ではなく、海の向こうの国を伐《う》て」という神の言葉を伝えたにもかかわらず、仲哀天皇がその言葉に従わず、お亡くなりになったことが記されています。

女性が神の言葉を伝える存在という文化が日本にあったからこそ、皇后の言葉を信じ、つき従った兵士たちがいたこと、それにより、この偉業《いぎょう》を成《な》し遂《と》げることができたことをこうしたことを私たちはしっかりと理解しなければいけません。

三　推古天皇の誕生と女性天皇の意義

女系天皇と男系天皇

現在、女性天皇の是非についての議論が活発ですが、中には女性天皇と女系天皇を混同しているもの、男系天皇の意味そのものを理解していないものも多く見られます。

男系とは父方の血筋がつながっていること、女系とは母方の血筋がつながっていることです。

日本は初代の神武天皇より今上《きんじょう》天皇まで百二十六代にわたり男系が続いているという、世界に類を見ない歴史と伝統の重みを、私たちは今一度、認識し直す必要があります。

個人の意見として、「私はこう思う」というご意見は、もちろん尊重されるべきものです。けれど個人の意見は、百人百様です。そして歴史上に登場するすべての人たちが全員、個人の意見をもっていたのです。

そして伝統は、そうしたさまざまな人たちの思いがある中にあって、これまでに千年以上にわたって正しいとされて積み上げられてきたものです。個人の意見を尊重しろという前に、そうした伝統のもつ重みを、まずは認めるべきです。

その百二十六代の中で、女性天皇が即位されたことが十回あります。

推《すい》古《こ》天皇（在位期間　五九二―六二八年）
皇《こう》極《ぎょく》天皇（在位期間　六四二―六四五年）
斉《さい》明《めい》天皇（在位期間　六五五―六六一年）皇極天皇重祚
持《じ》統《とう》天皇（在位期間　六九〇―六九七年）
元《げん》明《めい》天皇（在位期間　七〇七―七一五年）
元《げん》正《しょう》天皇（在位期間　七一五―七二四年）
孝《こう》謙《けん》天皇（在位期間　七四九―七五八年）
称《しょう》徳《とく》天皇（在位期間　七六四―七七〇年）孝謙天皇重祚

明正《めいしょう》天皇（在位期間　一六二九―一六四三年）
後桜町《ごさくらまち》天皇（在位期間　一七六二―一七七一年）

このうち、皇極《こうぎょく》天皇と孝謙《こうけん》天皇は重祚《ちょうそ》（再び天皇の地位に就くこと）されているため、天皇となられた女性は八人です。

前項でお話しした神功皇后については過去、議論がありましたが、現在は「天皇として即位されてはいない」とされています。

歴史的転換期と女性天皇

すべての女性天皇に共通することとして、自ら「天皇になりたい」と希望されて、御即《ごそく》位《い》された方は一人もいらっしゃいません。いずれも、皇位継承者である皇太子がまだ幼少であられるため、天皇としての務《つと》めを果《は》たせるくらいに成長されるまでの「中継ぎ」として、御即位されています。

「中継ぎ」というと、軽んじているような誤解を与えかねませんが、それぞれの天皇は天皇としての職務を見事に果たされています。

それどころか、振り返ってみると、女性の天皇が立ったとき、我が国は極めて大きな歴史的転換を体験しています。

女性初の天皇、推古天皇の時代には、こちらも我が国初の摂政《せっしょう》というお立場に、聖徳太子がつかれ、大帝国である隋を相手に、堂々と対等な関係を主張し実現しました。

皇極・斉明天皇の時代には、大化の改新が起こりました。

持統天皇の時代には、まったく新たな教育と文化による日本の立国を強固に推し進められました。

元明天皇の時代には、長期の都としての奈良の都、平城京への遷都がおこなわれました。

元正天皇の時代には、日本書紀が完成し、譲位後も病気がちであった聖武《しょうむ》天皇を補佐し続けました。

孝謙・称徳天皇の時代にあった道鏡《どうきょう》事件では、仏教勢力による天皇の地位の簒奪《さんだつ》（君主の地位を継承する資格のない者が君主の地位を奪い取ること）が排除されました。

明正天皇の時代には、日本は鎖国を実現しました。

後桜町天皇の時代には、日本は未曾有《みぞう》の経済的発展と世界最高峰の治安を実現していま す。

それではまず、我が国初の女性天皇である推古天皇の例を詳しく見ていきましょう。

天皇のシラス国

第三十三代推古天皇は、もともと第三十代敏達《びたつ》天皇の皇后《おほきさき》であられた女性です。

ところが、第三十二代崇峻《すしゅん》天皇が、蘇我馬子《そがのうまこ》によって暗殺されてしまいます。

しかも、この暗殺は馬子の単独犯ではなく、この当時の多数の皇族や群臣の同意を得た「宮廷クーデター」であったといわれています。

こうなると、次の天皇のなり手がいない。天皇になれば、また殺されてしまいかねないからです。

結局、男たちの中に天皇に即位する者がなく、やむなく中継ぎ天皇として敏達天皇の皇后であられた推古天皇が御即位されました。

要請を三度、お断りになった末、「政治向きのことはおこなわない」という条件付きの御即位です。

けれど、政治は必要です。そこで、推古天皇のもとに「政務を摂《と》る人」として、皇太子の聖徳太子が親任《しんにん》されました。

そして、ここで初めて我が国では、天皇は政治をおこなわない。何がおこなわれているか「すべてを知っていていただくだけでいい」という御存在になられたのです。

これを古い日本語で「シラス（知らす、Shirasu）」といいます。

日本は天皇のシラス国です。

「シラス」は、文法的には「知らせる、お知りになる」といった意味になります。

漢字で書くときは、古事記は「知」、日本書紀では「治」と書きます。

つまり古代の人たちは、シラスを「おさめる（治める）こと」、もしくは「知ること」と理解していたことになります。

天皇は、国家最高「権威」であり、「お知りになられる」お立場にあられます。

そして政治はその権威の下にある、摂政や太政《だじょう》大臣、将軍、内閣総理大臣などが、国家最高の政治「権力」者となってこれをおこなう。権力者なのですから、当然、権力に応じた責任性をもつという仕組みです。

このことが、我が国の天皇が、直接政務を摂らない、つまり政治よりも上位におわす国家最高権威としてのご存在となるということの先例となりました。

ここで重要なことは、国家最高権威としての天皇が一般の民衆を、初代天皇のときから「大御宝《おほみたから》」としていたことです。

国家権力者が権力を振るい統率する相手＝民衆は、権力者たちよりも上位におわす天皇の宝であるのです。その宝が健康で長寿で幸せであるように、権力者は働く義務と責任が生じたのです。

この体制は以後ずっと続いて、現代にまで至っています。

この仕組みを古代において構築できた日本は、幸せです。なぜなら、この仕組みこそが、民主主義の最高の形であるからです

女性が天皇となることにより、この奇跡のような体制を我が国は手に入れたのです。

国民を宝物と考えた国家最高権威者

このことについて、オープン型ＡＩであるChatGDPに以下のように質問してみました。

「国家政治権力者よりも上位に、国家最高権威者を置き、国家最高権威者によって国民を最大の宝物としたとき、政治的にはどのような影響が考えられますか？」

なかなか納得できる回答でしたので、以下に掲載します。

国家最高権威者が国民を最大の宝物と考えることが政治的にどのような影響を与えるかは、その国の政治体制や文化、歴史的背景などによって異なります。

一般的に、国家最高権威者が国民を重視することは、以下のような影響をもたらす可能性があるといわれています。

1　国民の利益が政策の最優先事項になる

国家最高権威者が国民を最大の宝物と位置づけることで、政府の政策決定において、国民の利益が最優先事項となる可能性があります。これにより、政府の政策や行動が国民の幸福と繁栄に直結するようになり、国民の信頼を得ることができます。

2　政治的安定が促進される

国民を最大の宝物とすることは、国民に対する配慮が強まることを意味します。政治的には、国民が政府に対して信頼をもつことで、政治的な安定が促進される可能性があります。

政府の政策が国民の利益に沿っていると認識されることで、政府に対する支持が高まり、社会的な不安定要因が減少する可能性があります。

3　政府のレベルが上がる

国民を最大の宝物と考える国家最高権威者は、政治家や政府の職員にも同様の配慮を求める傾向があります。

そのため、政府のメンバーや公務員が国民の利益を最優先事項とすることで、政府のレベルが向上する可能性があります。

4　国際的な信頼性が高まる

国民を最大の宝物と考えることは、国内のみならず国際社会においても重要な価値観です。政府が国民を最優先事項とすることで、国際社会においても信頼性が高まり、国際的な協力関係や外交交渉において有利に働く可能性があります。

以上のように、国家最高権威者が国民を最大の宝物と考えることは、政治的に多くの良い影響をもたらすのです。

では、国家最高の存在が国家最高権力者であった場合の問題点は何でしょうか。

1　権力集中と暴走の可能性

国家最高権力者が国家最高の存在である場合、その権力は非常に強大なものになります。このような権力が一つの人物に集中すると、その人物が誤った判断や行動を取った場合、国家に深刻な影響を与えることがあります。また、権力の暴走や濫用が起こる可能性もあります。

2　民主主義の制約

国家最高権力者が国家最高の存在である場合、それによって民主主義的なプロセスが妨げられることがあります。

民主主義においては、政治的権力は国民から委任されたものであり、権力者は国民の意志に基づいて行動する必要があります。

しかし、国家最高権力者が存在する場合、その人物の意志や権力が国民の意志を上回ることがあるため、民主主義的なプロセスが制約される可能性があります。

3　人権侵害の可能性

国家最高権力者が国家最高の存在である場合、その人物が人権を軽視するような行動をとった場合、国民の権利や自由が侵害される可能性があります。

国家最高権力者が人権侵害を許容するような政策を進めた場合、国民の幸福や自由が制限されることになります。

4　後継者問題

国家最高権力者が国家最高の存在である場合、その後継者問題が重要な問題となります。

国家最高権力者が死亡、病気、辞任などで退く場合、その後継者を決めることが重要になります。後継者問題に対する政治的混乱が起きる可能性があります。

以上のように、国家最高権力者が国家最高の存在である場合には、政治的に重大な問題が生じる可能性があることを考える必要があります。

つまり、シラス（知らす、Shirasu）は人類がなしうる最高の、そして究極の民主主義といえるものなのです。そして、その究極の民主主義の形がつくられたのが、繰り返しになりますが、推古天皇という女性の天皇であったということです。

称徳天皇の功罪

私がこうして女性天皇を賛美すると、歴史にお詳しい方は「ちょっと待って。称徳《しょうとく》天皇のことはどう評価するのか？」という気持ちになるかもしれません。

第四十八代称徳天皇は、僧である道鏡《どうきょう》を皇位につけようとしたと教科書にも載《の》っています。

道鏡は葛城山《かつらぎやま》で修行を積み、呪術を会得《えとく》したと伝わる僧侶です。

称徳天皇が第四十六代孝謙《こうけん》天皇としての地位を譲位され、上皇となっていたとき、重い病にかかりました。その病を癒《いや》したことがきっかけで、上皇のおそばに仕《つか》えるようになったといわれています。

称徳天皇は、第四十五代聖武《しょうむ》天皇を父にもち、父の退位により、第四十六代天皇として御即位されました。

聖武天皇は男児をもうけられたものの早世《そうせい》、成長した王子も強い後ろ盾がないなど、適任がおらず、藤原氏の娘である光明《こうみょう》皇后を母とする阿部内親王《あべのないしんのう》（孝謙天皇・称徳天皇）が皇太子となりました。

女性が皇太子となったのは日本史上、これが初であり唯一のことです。当然、藤原氏以外の貴族たちの反発は強いものとなりました。孝謙天皇として御即位されてからも、その皇位継承者をめぐって、さまざまな権謀術数が渦巻き、実際に橘奈良麻呂《たちばなのならまろ》の乱などクーデターも起こりました。

母、光明皇太后の看病を理由に譲位をした後も、彼女は心の平安をつかむことができなかったといわれています。

孝謙天皇の強力な後ろ盾でもあった藤原仲麻呂は、第四十七代淳仁《じゅんにん》天皇が御即位されると、さらなる権勢をふるうようになりました。

さながら、孝謙上皇対仲麻呂・淳仁天皇という図式です。光明皇太后が崩御された後は、そんな二人の間に入ってくれる人もいなくなりました。

精神的な孤独だけでなく、クーデターなど命の危機にいつまた襲われるかもしれない日々。そこに突然現れたのが、道鏡でした。

藤原仲麻呂が乱を起こすと、孝謙天皇はこれを制圧。仲麻呂を殺害し、淳仁天皇を流刑にしました。

そして、第四十八代称徳天皇として重祚したのです。その傍らには、道鏡の姿がありました。

称徳天皇は道鏡に「法王」という宗教界の最高位を与えました。ところが道鏡は、なんと「ワシを天皇にせよ」と言い出したのです。

このことはのちの時代にも、天皇と道鏡が男女の仲であったとか、道鏡が自身の野望のために称徳天皇を利用したのだなどといわれています。

しかし、このことは、称徳天皇が女性だから起こったことでしょうか。

側近はおろか、身内さえも信用できない宮中で、ただひとり信頼できる人間に出会ったとしたら。しかも、その人は神仏の力もその手にしているのです。そんな味方を得たとき、人はどこまで冷静でいられるでしょうか。

称徳天皇が男性だったとしても、道鏡を頼っていたに違いないと思うのです。

称徳天皇がのちの世に残した功績が二つあります。

ひとつが「臣下は皇位につけない」と定められたこと。もちろん、第二の道鏡が現れないようにするためです。

もうひとつが「天皇の即位から日を置かずに皇太子を立てること」と定められたこと。称徳天皇は自身が皇太子になったこと、または孝謙天皇として即位したあとの誰を皇太子に立てるかで、あらゆるいざこざを体験してきたせいか、皇太子を立てることに消極的でした。即位のひと月後には皇太子を立てないことを、次のように詔《みことのり》されています。一部抜粋します。

諸《もろ》の仕《つか》へ奉《たてまつ》る上中下《かみなかしも》の人等《ひとら》の念《おも》へらまく、國《くに》の鎮《しずめ》とは、皇太子《ひつぎのみこ》を置き定めてし、心も安くおだひに在《あ》りと、常人《つねひと》の念《おも》ひ云う所に在《あ》り。

然《しか》るに今の間、此の皇太子《ひつぎのみこ》を定め賜《たま》はず在る故《ゆえ》は、人の能《よ》けむと念《おも》ひて定むるも、必ず能《よ》くしも在らず。天の授《さづ》けざると得《え》て在る人は、受けてもまったく坐《ま》す物にも在らず。後にやぶれぬ。

故《ゆえ》に是《これ》を以《もち》て念《おも》へば、人の授《さず》くるに依《よ》りても得ず。力を以ちて競《きそ》ふべき物にも在らず。猶《な》ほ天のゆるして授《さず》くべき人は在らむと念《おも》ひて、定め賜はぬにこそあれ。


皇太子を定めることで、人心が穏やかに落ち着くのは理解しているが、ふさわしい人が現れるまで皇太子を置かないことこそ、今は肝要であるとされたのです。

ところがこのことが、称徳天皇の思いとは逆の効果を生んでしまいました。

称徳天皇のあとを継いだ第四十九代光仁天皇は、御即位の三ヵ月後には我が子、他戸《おさべ》親《しん》王《のう》を皇太子に立てられたのですが、この他戸親王は立太子からわずか二年後、母であり、光仁天皇の皇后である井上内親王が天皇を呪詛《じゅそ》したとして、母子ともども皇后と皇太子の地位をはく奪されてしまうのです。そして、幽閉先で母とともに急死したと伝えられています。もちろん、暗殺説が根強くあります。
「皇太子は立てない」とした称徳天皇の言葉が空しく響くようではありませんか。

国母と呼ばれた後桜町天皇

称徳天皇から八百年以上も、女性天皇はありませんでした。江戸時代になり第一〇九代明正《めいしょう》天皇、第一一七代後桜町《ごさくらまち》天皇のお二方が御即位され、以降、女性天皇はいらっしゃいません。

後桜町天皇は異母弟の第一一六代桃園《ももぞの》天皇が二十二歳の若さで崩御《ほうぎょ》されたことを受け、御即位されました。桃園天皇の皇子である英仁《ひでひと》親王がまだ五歳と、幼かったためです。

即位から八年後、十二歳となった英仁親王に後桜町天皇は皇位を譲られます。

そのときに発せられたみことのりの一部がとても温《あたた》かいのです。

朕《あれ》、庸質を以て天日嗣《あまつひつぎ》を承《う》け傳《つた》へ賜ひて、年紀を保歴《ほれき》せり。薄徳《はくとく》の躬《み》は此の位に堪《た》ふ可《べ》からずと歎《なげ》き畏《かしこ》み賜《たま》ひて、皇位を避《さ》り賜ひなむと所念行《おもほしめしところ》、揖遜《いふそん》の禮已《れいすで》に行はれ、寛裕《かんゆう》の情自《じょうおのずか》ら存す。法の随《まにま》に有る可《べ》き政を為《なし》て、皇太子と定めは賜へる英仁親王に此の天日嗣を授け賜ふ。

〈現代語訳〉

私は凡庸な資質でありながら、皇位を継承し、数年を経てきました。徳の薄い私は皇位にはふさわしくないと嘆き畏み、皇位をお譲りしようと思います。英仁親王は礼儀をすでにわきまえられ、天皇にふさわしい寛大な御気質も自然と身についていらっしゃいます。しきたりに従い、あるべき政治として、皇太子と定めている英仁親王に皇位を授けたいと思います。

こうして英仁親王は第一一八代後桃園天皇に御即位されました。ところが、わずか二十二歳で崩御されてしまいます。残された欣子内親王《よしこないしんのう》は一歳。閑院宮家《かんいんのみやけ》から養子を迎え、第一一九代光格《こうかく》天皇が御即位されました。

このとき、光格天皇は八歳。後桃園天皇に続き、後桜町上皇が後見となりました。後桜町上皇は、千数百首もの和歌や日記を残しました。また光格天皇から上皇へ宛てた書簡なども残されています。

ある書簡には「敬神《けいしん》、正直《せいちょく》、仁恵《にんけい》を第一にすることを決して忘れていません」という言葉があり、上皇が天皇に対し、どのように天皇としての心得を説いていたかがうかがえます。

またあるとき、光格天皇と江戸幕府が対立したことがありました。

光格天皇が父である閑院宮典仁《すけひと》親王に「太上天皇《だいじょう》」という尊号を送ろうとしたところ、江戸幕府がそれを許さなかったのです。

「太上天皇」は譲位した天皇にのみ贈られる尊号だという理由はあれど、自分の父への思いをいちいち幕府に賛同のお伺いを立て、その許しを得なければならないことに、光格天皇は大変に憤《おこ》ったといいます。

江戸時代、公家は幕府によって経済的な管理下にありました。そのこと自体も天皇にとっては許しがたいことだったのかもしれません。

朝廷と幕府の激しい対立に発展しそうになったそのとき、光格天皇を諫《いさ》めたのが後桜町上皇であったと伝えられています。

優しく、厳しく、二代の天皇を見守った後桜町上皇。上皇ご自身には子はいませんでしたが、二人の天皇にとって、上皇は母そのものでありました。

四　日本をひとつにした持統天皇

舒明天皇がお示しになった理想

時代は奈良時代に逆戻りしますが、第三十四代舒明《じょめい》天皇から、第三十八代天智《てんち》天皇、第四十代天武《てんむ》天皇、第四十一代持統《じとう》天皇までの流れを概括してみたいと思います。優《すぐ》れた天皇たちからのバトンを、女性である持統天皇がいかに受け取り、この国の政治に反映させたのか、ぜひとも知っていただきたいからです。

聖徳太子がお隠れになったとき、太子の死をすべての人が嘆《なげ》き悲しみました。年老いた者は我が子を失ったかのように、若者は父母を失ったかのように、泣きむせぶ声が満ちあふれたと記録されています。

その聖徳太子の没後、再び蘇我入鹿《そがのいるか》が専横《せんおう》（好き勝手に振る舞う）をし始めます。

朝廷は、聖徳太子の子である山背大兄皇子《やましろのおおえのおうじ》に天皇になってもらおうとしますが、これを察知した蘇我入鹿は、六四三年、武力をもって山背大兄皇子を襲撃しました。

このとき、逃げ落ちるよう説得する家来たちに、山背大兄皇子は、戦いによって多くの臣民の命が失われることを危惧《きぐ》されて、自害されています。

こうして聖徳太子の血筋は絶え、蘇我氏が専横を極めるようになっていきました。

「このままではいけない」。そう思って立ち上がったのが中大兄皇子《なかのおおえのおうじ》（のちの天智天皇）です。

中大兄皇子の父は舒明天皇です。舒明天皇は、我が国の理想を歌に詠《よ》まれました。

それが『万葉集』にある「天皇、香具山《かぐやま》に登りて望国《くにみ》したまふ時の御製歌《おほみうた》」です。

山常庭　やまとには
村山有等　むらやまあれど
取与呂布　とりよろふ

天乃香具山　あめのかくやま
騰立　のぼりたち
国見乎為者　くにみをすれば
国原波　くにはらは
煙立龍　けぶりたちたつ
海原波　うなばらは
加万目立多都　かまめたちたつ
怜何国曽　うましくに
蜻嶋　あきつのしまの
八間跡能国者　やまとのくには

この歌は、拙著『ねずさんの奇跡の国 日本がわかる万葉集』(徳間書店) でもご紹介した歌です。概略すると次のようになります。

「恵みの山と広い原のある大和の国は、村々に山があり、豊かな食べ物に恵まれて人々がよろこび暮らす国です。

天の香具山に登り立って人々の暮らしの様子を見てみると、見下ろした平野部には民《たみ》の家からカマドの煙がたくさん立ち昇っています。

それはまるで果てしなく続く海の波のように、いくつあるのかわからないほどです。

大和の国は民衆の心が澄んで賢く心根がよくて、おもしろい国です。

その大和の国は人と人とが出会い、広がり、また集う美しい国です」


天皇のお言葉や歌は「示し」といって、数ある未来からひとつの方向を明示されます。

よく戦略が大事だとか、戦術が大事だとかいいますが、戦略も戦術も、そもそも仮想敵国をどこにするのかという「示し」がなければ、じつは戦略の構築のしようがありません。

その意味で、トップの最大の使命は「戦略に先立って未来を示すこと」で、これを戦略よりも上位に位置する概念として「戦理」といいます。

舒明天皇は、我が国の姿を、

「民衆の心が澄んで賢く心根がよくて、おもしろい国」

とお示しになられたのです。

ちなみに、ここでいう「おもしろい国」は、原文では「怜何国《うましくに》」とされているところで、この「何《し》」という漢字は、我が国の古語における「感動のある国」を意味します。

昨今では、吉本喜劇のようなものも「おもしろい」と表現しますが、とても悲しい映画を観たあとに、「今日の映画、おもしろかったねえ」と話したりもします。この場合の「おもしろい」は、「とてもよかった、感動した」といった意味で用いられます。

人々が互いに助け合って、豊かで安心して安全に暮らすことができる国だから、素直な心で、いろいろなことに感動し、楽しいこと、うれしいこと、悲しいこと、つらいことすべてを素直に表現する心を保持して生きることができるのです。

特定の一部の人が、自分の利益だけを追い求め、人々を出汁《だし》に使うような国柄であれば、人々は使役《しえき》され、収奪されるばかりで、安心して安全に暮らすことはできません。

とりわけ日本列島は災害の宝庫ともいえる国ですから、一部の人の贅沢《ぜいたく》のために、一般の庶民の暮らしが犠牲にされるような国柄では、人々が安全に暮らすことなどまったく不可能であり、さらに何もかも収奪されたら人々は何かに感動して生きるなど、及びもつかない国柄となってしまいます。

舒明天皇の時代は、強大な軍事帝国の唐が朝鮮半島に影響力を及ぼし始めた時代であり、内政面においては蘇我氏の専横が目に余る状態になってきていた時代でした。

そんな時代に、舒明天皇は、「大和《やまと》の国は、うまし国」と歌を詠まれたのです。

それは、舒明天皇が示された我が国の本来の姿です。

三代まで引きずる禍根

そんな父天皇をもった中大兄皇子は、宮中で蘇我入鹿の首を刎《は》ねます。これが乙巳《いっし》の変で、六四五年の出来事です。

蘇我本家を滅ぼした中大兄皇子は、皇位に即《つ》かず、皇太子のまま政務を摂《と》ります。これを「称制《しょうせい》」といいます。

すでにお話したとおり、我が国では、天皇は国家最高権威であって、国家最高権力者ではありません。このことは逆にいえば、天皇となっては権力の行使ができなくなることを意味します。

ですから、中大兄皇子が大改革を断行するにあたっては、皇位に即《つ》くわけにいかなかったのです。

そして同年、中大兄皇子が発令したのが「公地公民制」です。これによって、日本国の国土も国民も、すべて天皇のものであることが明確に示されました。

また、民衆こそが「大御宝《おほみたから》」であるという概念、その国のカタチを改めて宣言したわけです。

このことは、当時の王朝中心主義の世界にあってじつに画期的なことであったといえます。なにしろ、二十一世紀になった今でも、日本のほかにはすべて、国家最高の存在は国家最高権力者である国しかないのです。

ところが、中大兄皇子は朝鮮半島への百済《くだら》救援のための出兵をされました。

倭国は勇敢に戦いましたが、気がついてみれば、百済救援のために新羅と戦っているはずが、百済の王子は逃げてしまうし、新羅もまた戦いが始まると逃げてばかりで、まともに戦っているのは、倭国軍と唐軍だけという情況でした。

これでは、何のために半島に出兵しているのかわからない。

そこで唐と和議《わぎ》を結ぶことにしました。

和議を結び、武器を収めて帰ろうとしている倭国軍に新羅が突然、攻めかかりました。これが白村江での戦いです。これにより、倭国兵一万が犠牲になってしまいます。亡くなった倭国兵たちは、その多くが地方豪族の息子さんと、その郎党たちです。この禍根《かこん》はずっと尾を引きました。

我が国が天皇を中心とする国家であることは、誰もが認めるし、納得もできるのです。けれど、「我が子が死んだ」ということはどうでしょう。

中大兄皇子のご決断によって戦《いくさ》が始まり、白村江で多くの命が失われた。そこで「我が子が死んだ」ということが、もし自分の身に起こったら……。

この感情は理屈ではどうすることもできません。頭ではわかっていても、感情は尾を引くものです。この禍根は、天智天皇から数えて三代後の持統天皇の時代にまで続き、持統天皇が行幸先で、誰とも知れぬ一団に襲撃を受け、矢傷を受けられるという事件も起きました。

国内的には、まさに分裂の危機であり、その分裂は、そのまま唐による日本分断工作に発展する危険を孕《はら》むという難しい情況となったのです。

中大兄皇子は天皇として即位し、天智天皇となりました。そのあとを継いだのが弟の天武天皇です。

この皇位継承は平和的におこなわれたのではなく、大海人皇子《おおあまのおうじ》（天武天皇）が挙兵し、天智天皇の息子である大友皇子を襲撃したことによるものです。

この「壬申《じんしん》の乱」は、武力でもって玉座《ぎょくざ》を自分のものにした、日本史上、例を見ない大事件です。

その背景を詳しく見ていきましょう。天武天皇は本当に、尊敬する兄の子を襲い、天皇の座についたのでしょうか。

天智天皇は大化の改新によって、じつに革命的に多くの改革をおこないました。当然、そうした改革は、物事がよい方向に向かうためにおこなわれるものです。

しかし、革新的な改革は半ば強引でなければ実行できず、その強引さによって必ず不利益を被《こうむ》る者を生じさせます。

そうした不満はアンチ天智天皇派となっていきます。彼らの期待は、当然のように弟の大海人皇子の皇位継承に集まります。

そこで、大海人皇子が即位するために兵を挙げることになったとしたら。アンチ天智天皇派は、喜んで大海人皇子に従うことでしょう。

もともと天智天皇派だった人たちは、もとより天皇中心の日本を大切に思う人たちです。天武天皇が即位すれば粛々《しゅくしゅく》と天武天皇に従います。つまり、天武天皇の挙兵（壬申の乱）によって、国がひとつにまとまることになったのです。

この歴史は何を物語っているのでしょうか。

ある仮説

天武天皇、そしてその後に即位された持統天皇によって、日本の国家としての体制が整ったといわれています。それを成し遂げられたのは、ひとえに天武天皇の下に皆がひとつにまとまっていたからにほかなりません。

天智天皇は、天皇に即位せずに、中大兄皇子として「公地公民制」を断行しました。朝鮮出兵もおこないました。それに不満はありつつも従った者たちは、皇子が天皇に即位したあと、このように思ったに違いありません。

「私たちの土地を取り上げておいてから即位する。結局は自分のものにしただけではないか」

「私の息子は天皇のせいで戦死した」

そして、かつて中大兄皇子は宮中で蘇我入鹿の首を刎《は》ねています。

「そもそも、天皇は宮中を血で穢《けが》した者ではないか」

聡明な天智天皇はこうした声を敏感に感じ取っていたことでしょう。

このままではアンチ天智天皇派によるクーデターが起こるかもしれない。そして、その神輿《みこし》に担《かつ》がれるのは、弟である大海人皇子に違いないと。

正史は、天智天皇亡きあと、大海人皇子が挙兵したことになっています。

そして、大友皇子は、人知れず処刑されたことになっています。けれど、大友皇子の処刑を見た人はいないのです。

個人的には、おそらく天智天皇は生きておいでであったのだろうと思います。天皇を退位し、出家したのであろうと。当時の考え方として、出家は現世での死を意味します。この世のすべてを捨てて出家する。今生《こんじょう》の天智天皇は崩御《ほうぎょ》されたとされても、何の不思議もありません。

退位後の天智天皇は吉野に隠棲《いんせい》し、僧侶としての日々を過ごされたのではないでしょうか。

なぜ、そうした道を選ばれたのか。

それは、国内の不満を一身に引き受け、そうした勢力を丸ごと大海人皇子の味方に付けてしまうため、そして国をひとつにまとめ、後の政治をやりやすくするためであったことでしょう。

クーデターの勢いが大きくなり、彼らが大海人皇子を担ぎ出そうとする前に、大海人皇子に主導権を握ってもらう。

大友皇子も父天皇のお考えに従い、同じく出家をしたのではないかと思います。

大海人皇子は即位後、天智天皇の遺志を引き継ぎ、改革に努めます。そして、志半《こころざしなか》ばに崩御され、その後を鸕野讚良《うののさらら》皇后が「称制」として引き継ぎます。

鵜野讃良皇后は天智天皇の娘です。皇后の中にも父天皇の御意志はしっかりと刻《きざ》まれていたことでしょう。

天武天皇との間に授かった草壁皇子《くさかべのみこ》が成長するまでの中継ぎとして、政務に当たっていた皇后ですが、その草壁皇子が急逝されるに至り、持統天皇として即位するのです。

その右腕には、天武天皇の血を引く（母は別の女性）、極めて優秀な高市皇子《たけちのみこ》がつきました。

天智、天武、持統、高市皇子のこの強い信頼関係のもとに、あらためて日本は盤石《ばんじゃく》の体制を築いたのではないか。そして、その理想を掲げたのは、誰あろう舒明天皇であったと思うのです。

じつは、持統天皇は御即位中、吉野に三十一回も行幸《ぎょうこう》されています。

現在、車で行っても大変な道のりを女性の足で三十一回。信仰の力と考えるのは簡単ですが、果たしてそれだけでしょうか。

私は吉野に、天智天皇、大友皇子、そして、あるいはもしかすると天武天皇もいらしたのではないかと考えています。

「また、とんでもない話をして」という方もいらっしゃるかもしれません。

天智天皇と天武天皇の不仲説は根強いものがありますし、お二人が兄弟であったことさえ疑う意見があることも承知しています。

しかし、それらの説や意見を証明する史料はありません。

不仲説の根拠のひとつとして、万葉集における天智天皇、天武天皇、そして天武天皇の妻であり一女までである額田王《ぬかたのおおきみ》の歌があります。

「三角関係」を想像させるというその歌もじつは、意味をまるで履き違えた解釈によって、歪《ゆが》められているという事実は、拙著『ねずさんの奇跡の国 日本がわかる万葉集』で詳しく述べたとおりです（まだお読みでない方はぜひ、ご購読をお勧めします）。

現在に続く基礎を築いた持統天皇

持統天皇が皇位にあったのは、六九〇年から六九七年までの、わずか七年半です。けれど持統天皇は、孫の文武天皇ご譲位ののち、わが国初の太上《だいじょう》天皇（上皇）となられて、再び政治の中心の場に立たれています。
持統天皇はどんな政治をおこなったのでしょうか。

◎日本という国号の使用

西暦六〇七年に送られた第二回遣隋使への答礼使《とうれいし》として、六〇八年に隋から日本に派遣された裴世清《はいせいせい》への回答として、我が国が示した国書に「東天皇敬白西皇帝（東の天皇、敬《つつし》みて西の皇帝に白《まを》す）」とあり、これが、我が国が対外文書において「天皇」の呼称を用いた最初の出来事とされます。

一方、日本という国号は、持統天皇の時代の第八回遣唐使（七〇二年）において、初めて対外的に「日本」の国号が用いられています。

つまり、天皇の呼称が六〇八年、日本が七〇二年ですから、日本より天皇の呼称のほうが百年近くも古いのです。

ちなみにこの時代は日本と書いて「やまと」と読まれていました。

◎太上天皇（上皇）という制度の開始

太上天皇《だいじょうてんのう》は、譲位により皇位を後継者に譲った天皇の尊号で、持統天皇が文武天皇に譲位し、史上初の太上天皇（上皇）になられています。現代では平成の天皇が御譲位されて上皇となっておいでですね。

◎伊勢神宮の式年遷宮の実施

お伊勢様の式年遷宮は、天武天皇が定め、持統天皇の時代に第一回式年遷宮がおこなわれました。西暦六九〇年のことです。式年遷宮は以来、二〇一三年の第六十二回式年遷宮まで中断などはあるものの、およそ一千三百年にわたって継続されています。

いかがですか。今の日本の形そのものの基礎の多くがこのときに築かれていることがおわかりいただけると思います。

持統天皇が天武天皇のあとを継ぎ、おこなった政治は反対派を粛清したり抹殺したりするのではなく、文化と教養によって、我が国をひとつにまとめていくという大方針でした。『日本書紀』や『万葉集』の編纂もそのために、持統天皇が力を入れたものです。

日本人の、いわゆる「民族性」にあたるものは、持統天皇の鋼鉄のような強い意志によって築かれたということができます。

七世紀という、世界の国家の黎明期に、我が国が持統天皇という偉大な女性を戴《いただ》いたことは、その後一三〇〇年以上にわたり我が国に生まれ育ったすべての人にとって、そしてこの先も何千年と続く日本人にとって、とても幸せなことです。

第二章

諸外国の女性観

一　パンドラに始まる西洋的女性像

パンドラの罪

神話は、その国や民族などがもつ文化の根幹のみならず、男女観の根幹をも形成します。別な言い方をするなら、神話はそれぞれの民族の「価値判断の基準」を形成します。

西洋の場合、さまざまな民族が入り混じって互いに殺し合いを繰り広げた結果、それぞれの民族ごとにもっていた神話が失われ、結局、ルネッサンス運動による「ギリシャ・ローマの時代に帰れ」という標語のもと、ギリシャ神話と旧約聖書に依拠《いきょ》するものとなりました。

ギリシャ神話、オリンポスの十二神に、ゼウスの妻のヘラ、娘のアテナ、愛と美と性の女神のアフロディーテ、狩猟と貞操の女神のアルテミス、穀物の女神のデメテル、炉の女神のヘスティアなどの女性神が登場しますが、それらはあくまで神々のみ、初期の人類には男性しかいなかったとされています。

では、人類初の女性は誰かというと、これが有名なパンドラです。

そう、「パンドラの箱」の、あのパンドラです。

もともとオリンポスの神々よりも以前には、ティーターンと呼ばれる巨人の神族が栄えていました。

ゼウスが神と人とを区別しようとして、人類から火を取り上げたとき、巨神のプロメテウスは、火をもたない人類を哀《あわ》れに思い、人類に火を渡します。

ところが火を得た人類は、武器をつくって互いに戦争をするようになるのです。

事態を重く見たゼウスは、プロメテウスを磔《はりつけ》にするのですが、不死身の身体をもつプロメテウスは死なず、三万年ののちにヘラクレスによって助け出されます。

一方、プロメテウスの弟のエピメテウスも、兄の罪によってオリンポスを追放されてしまいます。追放されたエピメテウスは、地上で人類の一員となって暮らします。

火を用いるようになった人類、エピメテウスの人類への仲間入り。こうして人類の力が強大になることで、人類の力が神々に近づくことを恐れたゼウスは、鍛治屋の神のヘパイストスに命じて、泥から女性のパンドラをつくらせます。

そして、ゼウスはパンドラに命を吹き込むとともに、「美しさ、歌と音楽、賢さと狡《ずる》さと好奇心」を与えるのです。

ゼウスは、これだけでもまだ心配だったのか、さらにアテナから機織《はたお》りや女のすべき仕事の能力を、アフロディーテから男を苦悩させる魅力を、ヘルメスからは犬のように恥知らずで狡猾《こうかつ》な心をパンドラに与えます。

そしてゼウスは、「これは人間にとっての災《わざわ》いだ」と述べます。

要するに女性の要素は、泥でできた美しさ、歌と音楽、賢さと狡《ずる》さ、好奇心、機織りの仕事はするけれど、男を苦悩させ、恥知らずで狡猾だ、というのです。

驚くほどの男性目線ですが、ゼウスの行動はこれだけにとどまらず、パンドラに鍵のかかった箱を持たせると、「この箱はけっして開けてはいけない」と命令します。

ここまで準備して、ゼウスはパンドラを人類のいる地上に送り込むのです。

パンドラをひと目見たエピメテウスは、兄のプロメテウスから、「ゼウスからの贈り物はけっして受け取ってはならない」と言われていたにもかかわらず、一目惚《ひとめぼ》れしてパンドラと結婚します。

二人は幸せに暮らします。けれど、どうしても箱の中身が気になって仕方のないパンドラは、ある日、禁を破って、ついに箱を開けてしまうのです。

すると箱からは、夜の女神ニクスの子供たちが飛び出します。

その子供たちというのが、「老い、病気、痛み、嘘、憎しみ、破滅」です。

次には争いの女神のエリスが高笑いとともに箱から飛び出していきます。

そして箱の中に最後に残ったものが、ギリシャ語で心を意味する「エルピス（ελπις）」であったとされます。

この「エルピス（ελπις）」が英語圏では「希望（hope）」と訳されています。

ちなみにこの「エルピス（ελπις）」は、スペイン語では「エスペランサ esperanza)」、フランス語では「エスポワール（espoir）」と訛《なま》ります。

要するにギリシャ神話は、人類の厄災を「争い、破滅、憎しみ、嘘、痛み、病気、老い」と考え、それらは「女性のもつ好奇心から生まれている」と述べているわけです。

ヘレネとナウシカ

「トロイの木馬」で有名なトロイア戦争は、美女ヘレネがきっかけです。

トロイの王子パリスは、スパルタ王メネラオスの妃《きさき》のヘレネに恋をしました。要するに人妻に恋をしたわけですが、ただの恋にとどまらず、なんとヘレネを拉致《らち》して強引にトロイに住まわせてしまうのです。

これがトロイア戦争の原因となりました。

戦争は十年に及びますが、トロイの城塞《じょうさい》は難攻不落です。

そこでイタケ島の王であったオデッセウスが提案したのが、トロイに兵を潜《ひそ》ませた巨大な木馬を献上し、トロイの城塞を内側から滅ぼすということでした。

この物語が、有名な「トロイの木馬」です。

オデッセウスが、ポセイドンの怒りに触れて船の難破で浜辺に打ち上げられたとき、彼を助けたのがパイエケス人の王女のナウシカです。

ナウシカは、優しさと愛の象徴のような美しい女性ですが、オデッセウスは、ナウシカの愛を振り払うことで、国に帰還することができたとされます。

こうしたギリシャ神話は、小説や演劇、オペラ、映画、ドラマなどで繰り返し作品化され、西洋の人々にとってのアイデンティティを形成してきました。

アイデンティティは一般に「自己同一性」と訳されますが、これでは意味がわかりません。意訳するなら「国民精神」と訳したほうがわかりやすいでしょう。アメリカ人の国民精神、イギリス人の国民精神、日本人の国民精神の根幹にあたるものが、英語でいったらアイデンティティです。

こうして西洋文明は、国民精神の根幹に、「女性とは、美しくて歌や音楽が上手で賢いけれど、狡《ずる》くて、好奇心旺盛で、男を苦悩させ、恥知らず」という概念をもつようになりました。

女性の首相が誕生する西洋に比べ、日本は後れているという論調をしばしば目にします。しかし、知るべきは西洋と日本とは女性観における文化の成り立ちそのものが異なるということです。むやみやたらと西洋にならう必要はないのです。

レディファーストとは？

十六世紀のドイツ宗教家、マルティン・ルターは、「女児は男児より成長が早いが、それは有益な植物より雑草のほうが成長が早いのと同じである」などと説いています。

あまりにひどい言い方ですが、こうした思考が、現代のＬＧＢＴ問題にも発展しているのですから、見過ごすことはできません。

西洋はレディファーストの文化といわれ、日本人は、これを西洋社会が「女性をとても大切にした文化である」と考えて国内に導入しましたが、西洋文化の根源になっている宗教観は、どうやら異なっているようです。

ちなみに日本の武士は、外出する際には、まず主人である武士自身が屋敷の表に出て、女性は玄関先で見送ります。

日本では、命の危険を伴う敵の前に先に姿をさらす行動は男の役目です。

西洋では、女性を先に表に出して、男性がそれに続きます。命の危険をともなう敵の前に先に姿をさらす行動は女性におこなわせます。つまり矢避《やよ》けに女性の体を用うるのです。

中東でも、イスラム教の聖典のコーランは「女は男の所有物である」と書いています。

「どの宗教が正しいか」といった宗教論争をするつもりは毛頭ありません。

ただ、日本では、女性を護《まも》ることが男性の務《つと》めとされてきたということを、私は誇りに思います。

二　アダムとイブの原罪

産みの苦しみ、労働の苦しみ

旧約聖書の創世記にあるのが、アダムとイブによる人類の「原罪《げんざい》」の物語です。

アダムとイブはエデンの園で禁断のリンゴの実を食べたことで、互いが裸であることに気づき、腰巻きを付けたところ、神に見とがめられてしまいます。

神の問いにアダムは「神が創られたイブに勧められたのです」と、神と女に責任転嫁し、イブは「蛇に騙《だま》された」と、これまた蛇に責任転嫁します。

残念に思われた神はイブに「産みの苦しみと夫からの支配」を、そしてアダムには「一生苦しんで地から食物を取ることと土にかえる」ことを命じました。

ここでアダムとイブに与えられた罰が、人類の男女に与えられた「原罪」と呼ばれるものです。

女性には産みの苦しみを、男性には労働の苦しみを、どちらも罪深さゆえに罰として与えられたものです。出産と労働は罰。神様から与えられたペナルティ。これが西洋的価値観の根幹にあるものです。


古代ギリシャでは「ポリス」と呼ばれた都市国家の人口の一パーセントのおじさんたちが「自由民（エレウテロス）」で、今風にいうなら、都市国家のＧＤＰの五〇パーセントを独占していました。

このおじさんたちが、なぜ「自由民」なのかというと、神から与えられた「原罪」である労働から解放されて、神に与えられたルールから自由になっているからです。

残りの九九パーセントは、奴隷です。

厳密にいうと、人口の五パーセントが自由民なのだけれど、五パーセントのうちの半分は女性であり、残りの二・五パーセントの男のうち、現役を引退した老人と、子供を除くと、いわゆる成人男子の人口は、全体の一パーセント程度です。

そのギリシャでは、奴隷たちは、男が「ドエロ」、女が「ドエラ」と呼ばれました。

おもしろいのは、ドエロやドエラであっても、支配層である自由民と普通に恋愛したし、結婚もしました。また、奴隷階層であっても、真面目に働けば、城塞都市の中で土地や家を買うこともできました。

と、ここまでお読みいただいたら、皆さん、もうお気づきと思います。

古代ギリシャというのは今から二七〇〇年ほどの昔ですが、その社会構造は、現代の欧米の社会構造とまったく同じなのです。

たとえば米国なら、全米の一パーセントの大金持ち層が、全米のGDPの五割を寡占《かせん》します。そして、この人たちにとって、一般の米国民は「国民」とか「市民」といった名前だけは与えられているものの、実際にはギリシャ時代の奴隷たちと、身分も、生活環境もまったく変わっていないのです。

どうしてそのようなことが起こるのかといえば、これももうお気づきと思いますが、「働くことが、人類の原罪」だからです。

そして、そのことが少なくとも欧米社会では二七〇〇年にわたって、ずっと守られてきているのです。

原罪に対する日本的思考

ところが日本的思考では、これがちょっと変わります。

日本人にとって、働くことはよろこびです。皆で揃《そろ》って田植えをし、米を育て、収穫をする。そして、穫《と》れたお米を神様にお供えし、豊作を感謝する。

現代においては、「働きたくない」と思うことも多々あるかもしれませんが、「何もしなくていい」と言われたら、最初はうれしいものの、すぐに飽《あ》きてしまい、働きたくなってくるのが日本人です。

では、出産はどうでしょう。

出産は「男性なら耐えられない」ほどの痛みを伴うといわれています。女性はそれを乗り越えて、新しい生命をこの世に送り出します。

女性が生涯を通じて、いちばん美しいのは出産した直後、生まれたばかりの我が子を抱く姿といわれます。その姿は神そのものです。

その子のために二時間ごとに乳を与え、大切に育てる。産みの苦しみがあるからこそ、かわいさも募ります。

つまり神はそんな、人として、あるいは女性として生きるうえでの最高のよろこびを人類に与えた、またそのよろこびを最大にするために、あえて出産に、痛み、苦しみを与えたともいえるのです。先に大きな苦痛があるほど、その後のよろこびは大きく、幸福感も長く続くからです。

このように考えると、男性に与えられた「労働」も罰ではなく、よろこびです。畑を耕し、食料を得ることは大変なこと、苦しいこととわかっていれば、腹も決まるし、そこに向かって挑戦しようとする根性も生まれるのです。

そもそも男性というのは、筋肉と同じで、筋肉痛が出るほどに鍛《きた》えれば鍛えるほど、太く丈夫になる生き物です。

逆に女性は内臓と同じで、やさしくいたわらないと弱ってしまいます。

神が与えた「労働の苦しみ」というのは、じつは「苦しみだ」と覚悟させることで、収穫のよろこび、そして収穫された食べ物を家に持ち帰ったときの妻の笑顔、子供たちの笑顔という無上《むじょう》のよろこびを男性に与えてくれたという解釈も成り立ちうるのです。
もしかすると旧約聖書が伝える、神が与えた原罪は、じつはこういう意味であったのかもしれません。

「そうか。お前たち、知恵の実を食べて、そういう知恵がまわるようになったのだな。ならば、次はお前たち自身で食べ物をつくり、子をつくり、自分たちで努力して生きていきなさい。そうすることで、生きる本当のよろこびを、幸せを、お前たちも、その子たちも得ることができるであろう」

このように考えるならば、国民の一パーセントが、働かないで富を独占するなどというのは、むしろ神に対する冒涜《ぼうとく》であるということになります。

仕事で汗を流し、努力を重ね、苦痛があってもそれを乗り越えながら、強く生きていくことこそがよろこびであり、神が人類に与えた最高のよろこびと解釈できるからです。

もし西洋の人たちが、神が与えた原罪なるものを、このように解釈していたならば、おそらく西洋社会は今とは一八〇度違った社会になったことでしょう。

残念ながら、ついに西洋社会は「労働しない人が自由人」という発想から逃れられないまま現在に至っています。

初期条件が人生を変える

言いたいことは、西洋の解釈が正しいとか、間違っているということではありません。

このように、事実はひとつであっても、それについての見方や解釈を変更することを「初期条件の変更」といい、初期条件を変えることで、その後の人生や社会構造が変わるということを申し上げようとしています。

たとえば、極貧の家庭に生まれて、子供のころからすごく貧しい暮らしをしていたとします。

「だから私は不幸なんです」ということを初期条件にしてしまうと、その人の人生は一生不幸なままになります。なぜなら、不幸でいることを初期条件化してしまっているからです。

ところが、「私は極貧の家に生まれました。最低の境遇でした。だからこそ、そこから這《は》い上がることが楽しくて仕方がないのです」ということを初期条件にすると、その人の人生は、成長することをよろこびとする人生になります。

旧約聖書の原罪も同じです。

「働くことが罪だ」ということを初期条件にしてしまえば、働かないことが幸せなことということになります。

けれど人間、食べなければ死んでしまいますから、結果、誰か立場の弱い人を使役して食べ物をつくらせて、これを奪うことが自由であることの証《あかし》になります。

けれど、「じつはそれは労働のよろこびを命じたものであったのだ」と、初期条件をリセットすると、働かないで、何億もの人の年収相当額を、個人で得ているような人たちこそが、神を恐れぬ傲慢《ごうまん》な人たちという意味になります。

そして、この意識は、社会構造そのものを変革します。

日本を変えるとか、日本を取り戻すということも、じつは同じことではないでしょうか。現在の延長線上で、文句ばかりを繰り返していても何も変わりません。

私たち一人ひとりが「よろこびあふれる楽しいクニ」を目指し、シラスという古語を常識語に取り戻すことで、じつは、戦後日本の初期条件がリセットされるだけでなく、世界でこれまで常識とされてきたものがリセットされ、人類が新しいステージに昇るきっかけとなるものかもしれません。

私たちは、そのために日々勉強し、また語り合っているのです。

三　コルセットと纏足《てんそく》に見る女性支配の構造

アダムに支配されたイブ

ここまで原罪についてお話してきましたが、もっとも気になっている点が別にあります。それは、女性に与えられた「夫からの支配」です。

これは英文の旧約聖書では「Your desire will be for your husband, and he will rule over you.」と書かれているところです。

文中に「ルール（rule）」という単語があります。これは、日本語では一般に「規則や決まり」と訳されますが、語源は「ライト（right）」と同じ、真っ直ぐなもの、正しいものを意味する言葉です。「ルーラー（ruler）」と言えば「支配者」のことですから、この文も「支配」と訳させていただきました。

欧米人がよく口にする、「これがルールなのだ」という言葉は、じつはこの旧約聖書の物語から来ているわけで、意味合いとしては、日本語的な、ただ単なる「ゲームのルール」といったものではなく、語感としては「これが、俺がお前を支配するための決まりなのだ」といった感じのものになります。

ですから、聖書の「he will rule over you.」も、直訳すれば「彼（夫）は、あなたにとっての支配者となるであろう」となるわけで、ここから欧米では、「妻は夫に支配されるもの」という概念に至ります。

洋の東西を問わず、人の心はそうそう変わるものではありません。

女性にしてみれば、「冗談じゃないわよ。どうしてあたしがあんたに支配されなきゃなんないのさ」ということになって、ここから女性の「夫の支配からの離脱」という運動が生まれ、これが発展して「ウーマンリブ運動」に至るわけです。

まことにご苦労なことですが、彼らにしてみれば、これが宗教的道徳の原点であるわけですから、ある意味、深刻です。

こういうところから、長い歴史の中で何億万もの女性たちが理不尽な扱いにも黙って涙を流してきたことは想像に難くありません。

女性とは「美しくて歌や音楽が上手で賢いけれど、狡《ずる》くて、好奇心旺盛で、男を苦悩させ、恥知らず」という概念に加え、「男に支配されるもの」という概念も存在するわけです。

だから、女性には暴力を用いてでも、男性の言うことを聞かせなければならない。顔を殴ると跡が残るから、尻を叩いて、言うことを聞かせる。

西洋では、こういうことが社会通念になっている時点で「女性を叩く」ということが普通におこなわれてきたことがわかります。

中世ヨーロッパでおこなわれた魔女狩りは有名ですが、女性ばかりがターゲットとなった理由もまた神話にあったといえるのです。

コルセットと纏足

さらに、女性に割礼《かつれい》の儀式をもつ国もあります。

今も続く儀式で、全世界でおよそ二億人の女性が割礼を受けているといわれています。

男性の割礼は、包皮を切除するだけでたいした痛みを伴わないようですが（それでも痛そうです）、女性の場合は外性器をまるごと切除し、陰唇を縫い合わせるというものです。麻酔なしでおこなわれるこの儀式の痛みは、想像を絶するといわれています。

ほかにも、中世までは美女の条件として、ウエストが葉書一枚分くらいに細くなるように、成長期の女児のウエストに金属製のコルセットをはめるという制度もありました。結果、成人した女性は、肋骨《ろっこつ》の下部がぐちゃぐちゃに折れ、三十代くらいになると、いわゆるリウマチ化して、大変な苦痛を伴うことになったといいます。

西洋だけではなく、チャイナにも同様な慣習がありました。

それが纏足《てんそく》です。

女の子に幼いころから足に木型の靴をはかせ、足が大きくならないようにするのです。成人女性でも足のサイズは九センチ程度であったと言います。

纏足の女性のレントゲン写真が残っていますが、わずか九センチの足の中に骨がグシャグシャになって詰まっている、思わず目を背《そむ》けたくなるような悲惨なものでした。

チャイナでは纏足をしている女性が美しいとされたゆえの慣習でしたが、痛くて自力では歩くこともできず、人間としての自由を奪われるものでした。

自由を奪われるという点でいえば、チャイナの遊郭《ゆうかく》において、現代まで続いていた習慣として、遊郭で働かせるために連れてきた女性にまず施していたのは両目を潰《つぶ》すことでした。それ専用の機械も残されています。

なぜ、そんなことをするかというと、脱走防止ということと、客のえり好みをさせないためなのだそうです。

目が見えると、「好みでない客の相手はしたくない」とワガママを言うようになります。言わないまでも、態度や視線にそうした気持ちが出てしまいます。それをさせないためとはいえ、なんともひどい話です。

こうしたことはチャイナだけでなく、西洋にもありました。

十八世紀、王妃マリー・アントワネットがある詐欺《さぎ》事件に巻き込まれています。首飾り事件として有名なこの事件は、主犯の女がローアン枢機卿《すうききょう》に、自分が王妃と親しいと吹き込み、王妃のそっくりさんと逢引させて信用させたあと、高価な首飾りを買わせたという事件です。

その顛末《てんまつ》はさておき、この王妃のそっくりさんは娼婦で、目が見えなかったといいます。洋の東西では、そうした扱いを女性にしてきたのです。

遊郭で働けるのは、二十五歳くらいまででした。年齢的なことではなく、それまでに多くが梅毒にかかって亡くなるからです。

まれに生き延びた女性は商品価値がなくなると、遊郭から追い払われました。目も見えず、生活能力もないので、夜鷹《よたか》（道ばたで客引きする売春婦）をして暮らすしかありません。夜鷹をしても、目が見えないから客に騙され、お金は踏み倒され、散々な目に遭《あ》っていたといいます。結果、栄養失調で亡くなるのがそうした女性たちの末路でした。

日本の遊郭

日本にも吉原をはじめとする遊郭《ゆうかく》がありました。幕府公認の場所です。

家の事情で売られた女の子が連れてこられるのは、チャイナと変わりません。しかし、そこからが大きく異なります。

吉原では、だいたい六歳くらいで連れてこられ、お店に出るのは十六歳からです。

それまでの十年間、主人が徹底的に教育を施すのです。謡《うたい》や三味線《しゃみせん》、琴などの楽器、舞はもちろん、習字、和歌、算術、将棋まで、ありとあらゆることを学ばせます。色ではなく、芸を売り、知性でも客を楽しませることができるようにするためでもありますが、もうひとつ、吉原を出たあと、その女性が一生食べていくのに困らないようにという配慮でもありました。

そうした主人の思いがあるから、女性たちも腹をくくって稽古《けいこ》に励み、店に出ることができたのです。

店に出るようになると、店への借金は数年で完済します。あとは第二の人生のために貯蓄をしました。

しかも、吉原では「えり好みをする」ことによって、女性の値打ちが上がりました。お金を持っているという振る舞いは野暮《やぼ》として嫌われます。女性が嫌だと言ったらおしまい。客にも知性や粋《いき》、色気が必要とされたのです。

吉原では、店の前の通りからよく見える場所に女性たちが座り、その前を男たちが歩いて、品定めするという「顔見世《かおみせ》」というシステムがありました。

明治時代の初期に、この顔見世と通りを歩く男たちの様子を写した写真が残っているのですが、女性たちが媚《こ》びていないのに驚かされます。どの女性も凛《りん》として、まるで「私のことを買える男なんているの？」とでも言いたげな表情をしています。

たしかに、日本にも夜鷹はいましたし、旅籠《はたご》の飯盛女《めしもりおんな》（宿場にいた女郎《じょろう》）など、男性相手の商売でありながら、吉原ほどには守られていない女性たちも多くいました。

けれども、そういう女性たちはなるのも自由、辞めるのも自由。目を潰されたり、自由を奪われるようなことはなかったのです。

第三章

日本の女性観

一　日本神話に見る女性観

日本の最高神は天照大御神

日本における女性観ももう少し見ていくことにしましょう。

日本の最高神は天照大御神《あまてらすおほみかみ》であり、女性神です。

そして、その最高神と直接会話を交《か》わすことができるのは、やはり女性神である天宇受売神《あめのうずめのかみ》（以下、アメノウズメ）です。

男性の神々は、天照大御神に何事かを奏上《そうじょう》するときも、あるいは天照大御神からのご下命をいただくときも、つねに女性神であるアメノウズメを通してでなければならないとされています。

これは縄文以来の日本人の伝統的思考で、子を産《う》むことができる、命を産むことができる女性は、もっとも神に近い存在であるとされてきたことに由来します。

さて、今、我々に伝わっている神話は、天武《てんむ》天皇の命《めい》で、川島皇子《かわしまのみこ》、舎人親王《とねりしんのう》、太安万侶《おおのやすまろ》らが編纂《へんさん》した『日本書紀』や『古事記』にもとづくものです。

たとえば『古事記』にある出雲神話が、正史である『日本書紀』にはまったく書かれていないことに象徴されるように、現在、私たちが知ることができる神話以上に、古代にはもっとずっとたくさんの神話があったことでしょう。

地方に残る日本昔話などは、その残滓《ざんし》といえるものなのかもしれませんし、古史古伝にあたるホツマツタヱや、竹内文書、九神文書《くかみもんじょ》といった文献史料も残っています。

重要なのは、そうした我が国の神話や、その後の歴史を『日本書紀』として編纂した中心人物が、天武天皇の皇后であり、女性である持統《じとう》天皇であったということです。

持統天皇の正式な諡《おくりな》は、「高天原廣野姫天皇《たかまのはらひろのひめのすめらみこと》」です。

歴代天皇で、高天原の天皇と記述された天皇は、持統天皇ただひとりです。

そして、高天原の広い野にある最高の存在といえば、天照大御神です。

当時の人々は、持統天皇をして、天照大御神に匹敵《ひってき》する偉大な女性としたわけです。

そして、その持統天皇が、天武天皇の皇后時代に我が国の神話や歴史編纂事業を発案し、記述を監督し、完成までのレールを敷いたのです。そこに女性差別が入るはずはありません。

実際、『日本書紀』に女性蔑視《べっし》や女性差別の概念など微塵《みじん》もありません。読んでいただければはっきりとわかります。

男女はどこまでも対等であり、互いに違いがあるからこそ、力を合わせていくことが大切とされてきたのが、我が国の神話や歴史における考え方です。

記紀に登場しない姫神

諸外国と日本の女性観の違いは、文化の成立の違いに依拠《いきょ》するものでもあります。

日本の場合は、縄文時代の一万四〇〇〇年という途方もなく長い期間にわたって、人が人を殺すという文化が存在していません。

縄文以前の日本は、海で魚を採って暮らす海洋民族であったとされる説が有力ですが、三万年近く続いたそうした長い期間において、男たちは争うのではなく、船に乗って漁をしていました。

その漁労の際の釣り針に使う釣り糸は、女性の長い髪の毛が用いられました。女性の髪の毛は、細くて丈夫で容易に切れません。良い女《め》の長い髪の毛は、男性の漁には不可欠でした。

少し脱線しますが、「嫁」という言葉が差別用語だと言い出したおかしな人がいるようです。「よめ」は「良い女《よめ》」から来た言葉であって、とても良い言葉です。

釣り糸にもなり、村に子とともに残り、帰りを待ってくれる良い女《め》は、男にとって、とても大切な宝です。

ここで、瀬織津姫《せおりつひめ》について、ひとこと添えておきたいと思います。

もともと瀬織津姫は、海洋民族であった倭人《わじん》たちの共通の神様です。

その倭人たちの住むエリアは、海を一年渡った先まであったと、これは魏志倭人伝に書かれています。

ところが、七世紀のチャイナに唐という軍事超大国が出現しました。白村江の騙《だま》し討ちで痛手を負った我が国は、唐の脅威の前に中央集権化を急ぎました。

それまでの倭国は、遠く南米までをも含む広大な海洋国家であり、その国家は島ごと国ごとの豪族たちの集合体でした。

これを統一国家にしていく必要が生まれたのです。

このとき、天照大御神のもとにある日のもとの国として、現代風にいうなら絶対的防衛圏として編成されたのが、現代日本に続く本州、四国、九州と、それに関連する近隣の島々でした。

この集合体を「日本《ひのもと》の国」、と書いて「やまと」と呼びました。

そして、国としてのひとつのまとまりを定着させるためにつくられたのが『古事記』『日本書紀』(以下、記紀)です。

ところが記紀には、瀬織津姫が登場しません。瀬織津姫のお名前は、祝詞《のりと》である『大祓詞《おおはらえのことば》』に見ることができるだけです。

これはどういうことでしょうか。

この時代の認識として、倭人が住む倭国のエリアは、本土以外にも太平洋の島々から中南米にまで広がっています。その広大なエリア全体の神様が瀬織津姫です。

そして、日のもとにあるエリアの神様を天照大御神としたのかもしれません。その天照大御神の直轄地《ちょっかつち》が「やまと」であり、日本。それ以外のすべての地域を含めて統括するのが瀬織津姫という理解であったものと思われます。

『大祓詞《おおはらえのことば》』を読むと、瀬織津姫が力強く穢《けが》れを払い、私たちを守ってくださっていることが伝わってきます。

今から数千年の昔、世界の文明を開いたのは間違いなく、縄文人たちによる功績です。しかし世界ではその後、暴力と殺戮《さつりく》が繰り返されました。しかも前章でお話ししたとおり、その暴力や殺戮を、なんと「女性のせい」にするという悪辣《あくらつ》さをもつに至るようになりました。悪事を誰かのせいにして自己を正当化するという姿勢は今にはじまったことではないのです。

そうした世界の歪《ゆが》みを改めて、真っ直ぐに正していく。もしかするとそれがこれからの日本人に与えられた、神からの遠大な使命なのかもしれません。

その道を見守っていてくれているのが天照大御神と瀬織津姫をはじめとする、女性神です、なんと素敵なことでしょう。

イザナギとイザナミの関係

日本神話に初めて登場する男女。旧約聖書でいうところのアダムとイブ的な存在といえば、イザナギ、イザナミです。このお二方の関係性を見てみましょう。

まず、イザナギ、イザナミは、どちらも神様です。天上からオノゴロ島に降りてきた二神はまず、互いの身体的相違を確かめ合います。

古事記では、そのときの二神の会話をこのように記しています。

「汝《な》が身は如何《いか》にか成《な》れる」（現代語訳：あなたの体はどのようになっていますか）

イザナギがそう尋《たず》ねると、イザナミは、

「吾《あ》が身は成《な》り成《な》りて成《な》り合はざる處一處《ところひとところ》あり」（現代語訳：私の体は完全に完璧に成長したのですが、足りないところがひとつあります）

と答えます。それに対し、イザナギは、

「吾《あ》が身は成り成りて成り餘《あま》れる處一處《ところひとところ》あり。故、此《こ》の吾《あ》が身の成り成り餘れる處を以《も》ちて、汝《な》が身の成り合はざる處に刺し塞《ふさ》ぎて、國土《くにつち》を生み成さむと以爲《おも》ふ。生むこと奈何《いかに》」（現代語訳：私の体は完全に完璧に成長したのですが、なぜか余っているところがひとつあります。私の体の余っているところで、あなたの体の足りないところに突き刺しふさいで、国を生もうと思いますが、いかがでしょうか）

イザナギの提案に、イザナミは、

「然善《しかりよ》けむ」

と答えました。

イザナミの体の「足りないところ」とは女陰《ほと》。イザナギの体の「余ってしまっているところ」は男根《だんこん》です。そこから先は直接的すぎるので解説せずにおきますが、皆さんおわかりですね。

こうして二神は、日本の国土を次々と生んでいきました。

イザナミの体に足りないところがあるからといって、それでイザナギより劣《おと》っているわけではなく、イザナギの体に余っているところがあるからといって、イザナミよりも優《すぐ》れているわけでもありません。

二神は対等に、それぞれの違いを確かめ合い、違いを補《おぎな》い合うことで夫婦になります。男女は役割の違いこそあれ、対等な存在であり、力を合わせることで未来を拓《ひら》くという、これが日本の神話の特徴です。

二神の最初の子供は骨のない子だったため、海に流していますが、それはイザナミから先に声をかけたためと書かれています。これさえも女性を格下に見たり、差別したりしているからではありません。

これも古代の日本人の考え方ですが、女性は子を産むことができます。けれど子になる卵は、何もしなければそのまま女性の体内から排卵されます。

その卵に魂《たま》を授けるのが男性の役目です。だから男性の大事なところを「たま」と言うのです。男性は「たま」で魂《たま》をつくり、その魂を女性に授けます。これによって女性は妊娠し、出産をします。

魂のことを、別な言い方で「霊《ひ》」といいます。体内の赤ちゃんに霊《ひ》を授けるのは、男性の役目です。

肉体を持たず、霊《ひ》だけの国が「上《うわ》つ国」です。我々が住んでいるこの世が「中《なか》つ国」で、そこでは体に霊《ひ》が乗り、霊《ひ》と体が一体となって生きることができます。

死ぬと体から霊が抜けて、体だけが残ります。だから体のことを「からだ（空だ）」と言います。下《しも》つ国は「霊《ひ》のない体だけの国」と、このように考えられてきたのが古い時代の日本です。

そこから、何事も「霊《ひ》が上」「身（体）が下」とされてきました。霊《ひ》は左、身は右、そこから左大臣と右大臣がいれば、左大臣が上といった仕組みも生まれています。

では、男性は、タマで霊《ひ》をつくっているのでしょうか。それは違います。なぜなら霊《ひ》は上つ国の存在です。つまり男性のタマは、女性の体内の赤ちゃんへの橋渡しをしているにすぎないということになります。女性は、男性の橋渡しによって、神々とつながり、子に霊《ひ》を授かり、子は生命をいただいてこの世に生まれてきます。

「何事も霊《ひ》が上、身が下」ですから、イザナギから声をかけるということは、そのまま霊《ひ》を上とするという意味になります。けれど上なのはあくまでも霊《ひ》であって、男性ではありません。つまり、男女は対等ということになるのです。

「霊《ひ》」と「身《み》」

ここは大事なところなので、すこし詳しくお話しします。

男女には違いがあります。違いは区別であり、差別ではありません。子を産むことができるのは女性だけです。生命をつなぐためには、女性はどうしても必要な存在です。けれども不思議なことに、女性だけでは妊娠することができません。古代の人は、そこに男性の価値を見出します。

それが、男性は女性の胎内にある子に「霊《ひ》」を授ける役目がある、とするものです。男女の愛と睦《むつ》みによって生まれる子のことを「血統《けっとう》」といいます。血統は単なる血のつながりではなく、「霊《ひ》」のつながりです。「霊《ひ》」のつながりは、父方からのつながりです。天照大御神からの「霊《ひ》」の流れを受け継ぐことは、「霊統《れいとう》」を受け継ぐということなのです。

天皇の権威は、天照大御神から続く、この「霊統」に依拠します。

したがって、その子が誰の「霊《ひ》」を受け継いでいるのかが重要となり、これが男系天皇の意味するところであり、万世一系の根拠です。

こうしたことは、我が国においては祖代からある常識で、その常識は、わかりやすくて、誰もが覚える数詞としても定着していました。

皆さんも子供のころ、

「ひぃ、ふぅ、みぃ、よぉ、いつ、む、なな、や、ここ、とぉ」

と数えた記憶があろうかと思います。ひぃ、ふぅ、みぃは、「霊（ひ）から生（ふ＝う）まれる身《み》」を意味します。算術ではまったく用いることのないこうした数詞を、なぜ世の親たちが子に最初に教えたかというと、この数詞には、我が国における重要事が読み込まれているからです。

日本書紀には、イザナギとイザナミは「豈国《あにくに》」つまり、「喜びあふれる楽しい国」をつくろうとしたのだと書かれています。

そして、イザナギとイザナミから生まれ、高天原《たかまがはら》を「知《し》らす」ことになられた天照大御神は、孫であるニニギの天孫降臨《てんそんこうりん》に際して、「中つ国においても、高天原と同じ統治をしなさい」と述べられたと、神話に記《しる》されています。

高天原は、全員が神々の国です。その高天原と同じ統治をするということは、国の民一人ひとりを、すべて神々の御分霊として尊重しなさいということです。

ここからさらに、我々人間は、神々の御分身である霊《ひ》が本体であり、肉体はその乗り物に過ぎないという思考が生まれています。

神社参拝の作法も、この理屈に基づきます。

神社は、神様のおわすところであって、神様そのものではありません。言い換えれば、肉体が神社のお社《やしろ》、その神社（肉体）に宿っているのが、神様である霊《ひ》です。

だから、どんな人でも大切にしなければならない。

たとえ悪人であっても、罪は憎むが、人は憎んではならない。

そうした日本的思考の大本になっているのが、この霊《ひ》の思考です。

日本は、日のもとの国です。日は、霊《ひ》であり、天照大御神を意味します。

日のもとの国は、高天原と同じ統治を目指し、民が皆「よろこびあふれる楽しい国」であること。性別も年齢も貧富も関係なく、一人ひとりを尊重し、皆が対等である国を目指したのです。

二　英雄を助ける女性たち

日本神話を読み進めていくと、男性である神々が困ったとき、いつも助けてくれるのは女性です。男女が対等というよりも、なんなら頼りない男性たちと、賢く慈愛にあふれた素晴らしい女性たちと言ってもいいくらいです。

これには私たちの祖先の、女性に対する尊敬と愛情がそのままあらわれているように感じとることができます。

『因幡の白兎』のその後

『因幡《いなば》の白兎《しろうさぎ》』は古事記に記されている神話です。

主人公は大国主神《おおくにぬしのかみ》。兄神たちと因幡に住む美しいと噂の八上姫《やがみひめ》に求婚に向かう途中、兄神の荷物をすべて持たされ、遅れてついていっていた大国主神は海岸で皮を剥《は》がれて丸裸になった一匹のウサギに出会います。

兄神たちはこのウサギに「皮が剥がれたなら、海水を浴びて、風に吹かれれば治《なお》る」と嘘をつきます。

兄神たちに騙《だま》され、痛みに耐えかねてうずくまっているウサギを見つけた大国主神が治療法を教えると、ウサギはすっかりよくなり、「八上姫と結婚するのはあなたです」と予言します。

ウサギの予言どおり、大国主神は八上姫と結婚できましたとさ。めでたしめでたし。

子供のころに話してもらった『因幡の白兎』はおそらくここで終わっているのではないでしょうか。

じつは、このあとがおもしろく、かつ重要です。

大国主神に出し抜かれた兄神たちは大いに怒り、大国主神を殺そうとします。その手段のひどいこと。

まず、大きな岩を真っ赤に焼き、それを山の上から大国主神めがけて転がし落としました。大国主神は岩の下敷きになり、焼け死んでしまいます。

それを助けたのが大国主神の母神である刺国若比売《さしくにわかひめ》です。高天原にいる神産巣日神《かみむすひのかみ》のもとへ行き、「息子を助けてほしい」と請《こ》い願うのです。それにより、大国主神は復活を遂《と》げます。

しかし兄神たちの怒りは止みません。今度は大木《たいぼく》で大国主神を挟《はさ》み殺してしまいます。ここでも母神が登場し、大国主神を助けると、「ここにいてはまた兄神たちに命を狙《ねら》われる」と言い、木国《きのくに》の大屋毘古神《おおやびこのかみ》のもとへ逃がしてくれます。そして大屋毘古神により、根堅州国《ねのかたすのくに》の須佐之男命《すさのをのみこと》(古事記表記。以下、スサノヲ)のもとへ行くことになるのです。

ちなみに、大火傷を負った大国主神を復活させるために、神産巣日神が送ってよこしたのも蚶貝比売《きさがいひめ》と蛤貝比売《うむがいひめ》という二人の女性神でした。

スサノヲが与えた試練

こうして、スサノヲのもとへやって来た大国主神は、スサノヲの娘である須勢理比売《すせりひめ》(以下、スセリヒメ)と結婚します。

大事な娘を任《まか》せるに値《あたい》する男か、スサノヲはあの手この手で大国主神を試します。お祭しのとおり、ここではスセリヒメがそのたびに大国主のピンチを救うのです。

第一関門は、蛇がうじゃうじゃいる部屋で大国主神を寝かせることでした。スセリヒメに、蛇を追い払う呪力をもった比礼《ひれ》をもらった大国主神は安心して、ぐっすりと休むことができました。

第二関門はムカデ、第三関門は蜂《はち》の部屋です。ここでも、ムカデと蜂を追い払うことのできる比礼をスセリヒメから渡され、難を逃《のが》れました。

第四関門は、野に射《はな》った矢を取ってくるように命じ、野原の真ん中で矢を探している大国主神の周りから火を放ち、焼き殺そうというものです。この難は野ネズミに隠れるところを教えてもらい、逃《のが》れることができました。

さすがに死んだものと思っていた大国主神が生きて戻ってきたことで、スサノヲも少し態度を軟化させます。しかし、そこで命じたのが自分の頭のシラミを取ることでした。しかも、シラミならまだしも、スサノヲの頭をはい回っていたのはたくさんのムカデでした。

そこでも、スセリヒメが機転を利かせます。大国主神にムクの木の実と赤土を渡し、これをスサノヲに気づかれぬように口に含んでは吐き出させたのです。スサノヲは自分の頭のムカデを怖がりもせず退治してくれていると勘違いをして、すっかり心を許してしまいます。

そうして、スサノヲはスセリヒメとの結婚を許され、スサノヲからいただいた生大刀《いくたち》、生弓矢《いくゆみや》で兄神たちを追い払い、自分の国をつくることができました。

命にかかわるイジメを受けていた大国主神が大いなる国の主となれたのは、ひとえに女性たちのおかげでした。

サルタヒコと対峙したアメノウズメ

天照大御神の言葉を聞くことができるのは、アメノウズメだけであったとすでにお話ししました。

この神は天の岩戸に閉じこもってしまった天照大御神を再びこの世にお戻りいただくためにも大活躍しました。岩戸の前でのアメノウズメの舞と神々の歓喜に、天照大御神は岩戸からお出ましになられたのです。

アメノウズメの活躍はこれだけではありません。天孫である天津日高日子番能邇邇芸命《あまつひこひこほのににぎのみこと》（日本書紀では、天津彦彦火瓊瓊杵命《あまつひこひこほのににぎのみこと》。以下、ニニギノミコト）が地上に降りていく際のことです。一行が進んでいく先、高天原と葦原中国《あしはらのなかつくに》の間の分かれ道のところに、一柱《ひとはしら》の神が立っているのが見えました。その神から放たれる光は、上は高天原を、下は葦原中国をまばゆいほどに照らしていました。

すごい神だということはわかりますが、誰もその正体を知りません。敵か味方かもわかりません。

そこで、天照大御神、高木神（高御産巣日神）が偵察に行くよう命じたのが、アメノウズメでした。一行の中に力自慢の天手力男神《たじからおのかみ》もいたにもかかわらず、です。

そのときのニニギノミコトの言葉がまたふるっています。

古事記では「汝《いまし》は手弱女《たわやめ》人にはあれども、伊牟迦布神《いむかふかみ》と面《おも》勝つ神なり」。（現代語訳：お前は女ではあるが、相対する神に堂々と立ち向かうことができる神だ）。

日本書紀では「汝は是《これ》、目人《めひと》に勝ちたる者《かみ》なり。往《ゆ》きて問ふべし」（現代語訳：お前は見た相手に常に打ち勝つことができる神だ。行って、何者か尋ねなさい）。

分かれ道に立っていたのは、猿田毘古神《さるたびこのかみ》（日本書紀では、猨田彦神。以下、サルタヒコ）でした。サルタヒコは、大きな体に、長い鼻、目は八咫鏡《やたのかがみ》のように大きく鋭く光を放っているという一見《いっけん》すると恐ろしい神ですが、そんな恐ろしい神に負けない力がアメノウズメにはあると、古事記も日本書紀も伝えているのです。

このことから古代の人たちが、「強さ」というものを単なる腕力ととらえていなかったことがわかります。人として備えている「気」において、男女は対等なのです。

アメノウズメはその後、猿女君《さるめのきみ》という名前になりました。これはサルタヒコと結婚したからです。

アメノウズメは結婚によって姓の変わった、我が国最初の女性です。

地名に残るオトタチバナヒメ

日本神話最大の英雄といえば誰でしょう。人それぞれ意見はあるでしょうが、倭建命《やまとたけるのみこと》（日本書紀では、日本武尊。以下、ヤマトタケル）は間違いなく、そのひとりです。

ヤマトタケルを支えた女性のひとりが弟橘比売《おとたちばなひめ》（日本書紀では、弟橘媛。以下、オトタチバナヒメ）です。

父である第十二代景行《けいこう》天皇の命《めい》により、東の蝦夷《えみし》たちの制圧に向かったヤマトタケルは走水（現在の神奈川県横須賀市）を航海中、海が荒れ、転覆の危機に襲われます。

そのとき、妻であるオトタチバナヒメが「私があなたの代わりに海に入り、海神の怒りを鎮《しず》めましょう」と言い、海に身を投げます。

すると、あれほどまでに荒れていた海が一転、波ひとつ立たない静かな海になり、ヤマトタケルは無事、航海を続けられたとあります。

記紀にはオトタチバナヒメ本人はこの場面にしか登場しませんが、ヤマトタケルのヒメへの思いの強さが繰り返し語られていきます。蝦夷《えみし》を制圧したのち、ヒメを思い、「あづまはや」（我が妻よ）とヤマトタケルがつぶやいたことから、日本の東を「あづま」と呼ぶようになったと言われています。

そのほかにも、ヤマトタケルがヒメを思って詠《よ》んだ歌があります。

君去《きみさ》らず　袖《そで》しが浦《うら》に立《た》つ波《なみ》の　その面影《おもかげ》を見《み》るぞ悲《かな》しき

千葉県の木更津市や袖ヶ浦市、習志野市袖ヶ浦などの地名は、この和歌《うた》が由来です。

日本女性の象徴ヤマトヒメ

倭比売《やまとひめ》（日本書紀では、倭姫命。以下、ヤマトヒメ）は、ヤマトタケルの叔母です。記紀ともに、東征に向かうヤマトタケルが伊勢にいるヤマトヒメを訪ね、そこで草薙剣《くさなぎのつるぎ》を授けられたと伝えています。

古事記はこのとき、ヤマトタケルがヤマトヒメに泣いて訴えたことを記しています。

「天皇《すめらみこと》既に吾《あ》に死ねと思ほす所以《ゆゑ》か、何《いづ》しかも西の方の悪《あ》しき人等《ひとら》を討《う》ちに遣《つか》はして、返り参上《まいのぼ》り来《こ》し間《あいだ》、未《いま》だ幾時《いくだ》も経《あ》らねば、軍衆《いくさびとども》を賜《たま》はずて、今更《いまさら》に東《あづま》の方十二道《かたとほあまりにのみち》の悪《あ》しき人等を平《ことむ》けに遣はすらむ。此《こ》れに因《よ》りて思惟《おも》へば、猶吾《なほあれ》に既《すで》に死ねと思ほし看《め》すなり」

この東征の前、ヤマトタケルは景行天皇の命により、南九州の熊襲《くまそ》を制圧して帰還したばかりでした。

大変な戦《いくさ》で多くの兵を失い、まだ軍の立て直しもできていないにもかかわらず、すぐに今度は東の蝦夷《えみし》を撃ってこいと命じた父。ヤマトタケルは「私に死ねと言っているのか」

と大きな悲しみを抱いていたのです。

そもそも、ヤマトタケルは父に愛してほしい一心で西に赴《おもむ》き、父の期待に応えるために働きました。しかし、父は「次は東に行け」と命じました。父には父の、国の統治者としての責任があったのです。

このときヤマトタケルは胸中をヤマトヒメに告げました。

ヤマトヒメは伊勢にいます。ヤマトヒメは宮中にあった天照大御神の御魂である鏡を預かり、奉《たてまつ》るにふさわしい場所を探して諸国をめぐり、この伊勢の地にたどり着いたのです。

そんな叔母の前で、ヤマトタケルは、本心を吐露《とろ》してしまわれるのです。悲しくも感動的な場面です。

日本をあらわす「ヤマト」を名にもつふたり。ヤマトを象徴する男と女です。

男は悲しみを内に秘め、雄々しく戦い、女はその悲しみを癒《いや》します。

ここでのヤマトタケルとヤマトヒメからも、私たちの祖先が抱《いだ》いていた男女の役割に対する認識が感じられます。

女性はどこまでも、男を包み、見守ってくれるありがたい存在です。

三　燃えるような強さをもつ女性

男性の女性に対する敬意がおわかりいただけたところで、それがさらに畏《おそ》れにも近いものであるということもお伝えしておかなければなりません。

現在も、社会でどれほど評価されている男性であっても、妻には頭が上がらない、奥さんのことは怖い……という話を聞きますが、それは古代から変わりません。

そして女性たちは男性たちを見守り支《ささ》える一方で、嫉妬《しっと》や怒り、欲望など自分の感情を正直に表現しています。

抑圧されていたり、そもそも言っても相手にしてもらえないのなら、おそらく口をつぐんだままでいるようなことも、日本の女性たちは生き生きと言葉にし、相手に気持ちをぶつけています。日本の神話には、そんな女性たちも登場します。

日本史上最大の夫婦喧嘩

日本史上最大の夫婦喧嘩《ふうふげんか》といえば、イザナギとイザナミです。

イザナミが亡くなったあと、恋しさに耐《た》えかねたイザナギは亡くなられたイザナミを連れ戻そうと黄泉《よみ》の国に行きます。

イザナミはイザナギの来訪を喜び、一緒に戻れるよう、黄泉の国の神々に願い出てくるので、「けっして、私の姿を見ることなく待っていてください」と告《つ》げます。

ところが、イザナギがイザナミの姿を見ると、その姿は、体じゅうにウジがたかり、八柱もの雷神《いかづちのかみ》を抱えているという壮絶な姿でした。

愛する妻のあまりにも変わり果てた姿に仰天したイザナギは、慌てて逃げ出します。

そんなイザナギを「私に辱《はじ》をかかせたな！」と言い、イザナミはさまざまな追手を放ってきます。

それからからなんとか逃げのび、黄泉の国とこの世の境目、黄泉比良坂《よもつひらさか》まで逃げてきたイザナギにとうとうイザナミが追いつきます。

イザナギが黄泉比良坂を千人がかりでないと動かせないような大きな岩でふさぐと、岩の向こう側からイザナミがこう叫びました。

「愛《いと》しい我が夫よ、このようなことなら、あなたの国の人々を一日に千人くびり殺しましょう」

それに答えてイザナギは、

「愛しい我が妻よ、お前がそのようにするのなら、私は一日に一五〇〇の産屋《うぶや》を建てよう」

と言いました。このため、我が国では一日に千人が死に、一五〇〇人が生まれることになったと神話は伝えています。

「毎日千人くびり殺す」と言われたら、逆に報復しようとするのが、いわば世界の常識です。けれどイザナギは、「ならば私は毎日千五百の産屋を建てよう」と建設で答えています。愛する妻の言うことをそのまま認めて建設で答えたのは、夫が妻をこよなく愛していたからではないでしょうか。イザナミはそんなにまで夫に愛される妻であったのです。

自分を曲げない

普段は穏《おだ》やかで優しい女性であっても、いったんスイッチが入ると動じることなく、自分を貫き通す。そんな芯《しん》の強さを合わせもっているのも、日本の女性の特徴であり、男性が恐れる一因かもしれません。

皇孫ニニギノミコトと結婚した木花之佐久夜毘売《このはなのさくやひめ》（日本書紀では、木花開耶姫。以下、コノハナサクヤヒメ）は、ひと晩で懐妊したことで夫から疑惑の目を向けられます。

それに傷ついたコノハナサクヤヒメは身の潔白を証明するために、出口のない家をつくらせ、その中に入ると土で外壁を塗り固めました。そして、まさに出産のとき、家に火を放《はな》ちます。

「私が産《う》む子がもし国つ神の子ならば、無事には産まれますまい。もし天つ神（ニニギノミコト）の御子ならば無事に産まれるでしょう」

その言葉どおり、立派な三人の皇子を出産されました。

第十一代垂仁天皇の皇后のひとりである沙本毘売《さほひめ》（日本書紀では、狭穂姫。以下、サホヒメ）も激しい強さをもつ女性でした。

皇后でありながら、兄である沙本毘古王《さほびこのみこ》（日本書紀では、狭穂彦王。以下、サホビコ）から天皇の暗殺を命じられてしまいます。

そんなことは知らず、サホヒメの横で眠りにつく天皇。暗殺の絶好の機会に、サホヒメは兄から渡された小刀を三度振り上げますが、ついに天皇を刺すことができません。涙にくれるサホヒメに、天皇が目を覚まし、涙のわけを尋ねます。

サホビコの謀反を知ると、天皇はサホビコのもとへ軍を向けます。サホヒメはお咎《とが》めなしでしたが、サホヒメ自身がそのことを許せませんでした。

味方の目をかいくぐり、サホヒメは産まれたばかりの皇子を連れて、サホビコが籠城《ろうじょう》する稲城へと向かいました（古事記では「懐妊中」とされる）。

自分と皇子がいるにもかかわらず、攻撃の手を休めない軍に、天皇の意志の固さを悟ったサホヒメは皇子を天皇側の兵に託すと、自分はサホビコとともに果てました。

サホヒメと皇子の救出を願っていた天皇は悲しんだといいます。

情熱的な愛の歌

「燃えるような強さをもつ女性」といえば、磐姫皇后《いわのひめのおほきさき》も、その一人でしょう。仁徳天皇の皇后で、記紀には、嫉妬深い女性として描かれていますが、私は万葉集に収められた四首の歌から、少し違った見方をしています。

「題詞《ひたいのことば》」には、「磐姫皇后天皇を思ひよみませる御作歌四首」とあります。

君が行き　気長《け》くなりぬ　山尋《たづ》ね　迎《むか》へか行かむ　待《ま》ちにか待たむ

（現代語訳：貴方が行ってしまわれてから、私は愛する貴方のしもべとなって、そして待っている時間のしもべとなっています。都からたくさんの山を越えて貴方をお迎えに行こうかしら。それとも美しい花のように綺麗に装って貴方をお待ちしようかしら）

かくばかり　恋ひつつあらずは　高山の　磐根《いはね》しまきて　死なましものを

（現代語訳：こんなに悶々《もんもん》とするほど恋しすぎるくらいなら、高いお山にある岩に四重に縄をかけて、我が身を神への捧げものとして麻ひもで首を吊《つ》って死んでしまいたい、死んでしまいたいと思うのですわ。それほどまでに私は私の命より貴方を愛しているのです）

ありつつも　君をば待たむ　うちなびく　我が黒髪に　霜《しも》の置くまでに

（現代語訳：屋敷にいる女官たちや管弦楽団員たちも、あなたを歓迎するために、みんな支度をしてお待ちしています。美しくなびいている私の黒髪が何十年も経て白髪になる日までも、ずっとずっとあなたをお待ちしています）

秋の田の　穂の上に霧《き》らふ　朝霞《あさかすみ》　いづへの方《かた》に　わが恋やまむ

（現代語訳：秋の田の穂の上に霧を見ました。それは朝霞の中にぼんやりと霞《かす》んでいました。私の恋心はいつやむのか。その先はぼんやり霞《かす》んで、まったく見えませんわ）

なんと情熱的で一途《いちず》な歌なのでしょう。我が国にもこれだけの愛の語らいがあったのです。

そしてこの四首が、万葉集巻二の冒頭の四首です。古来、日本人は何に対しても一途《いちず》な心であることを愛します。男女の愛でもそうですし、仕事への愛も同じです。そしてそれは民衆への一途な愛でもあります。

臣籍という出自を乗り越えて

この歌を詠んだ磐姫皇后《いわのひめのおほきさき》は仁徳《にんとく》天皇の四人いた妻のうちのひとりです。

天皇の権威は、天照大御神からの直系の血筋であることに由来します。ですからできるだけその血を濃いものに保つ必要があり、天皇の妻とその子の身分は、妻の出自で決まります。

天皇からの男系の血筋をもつ女性とその子が最も位が高く、臣籍からの夫人は、夫人、嬪《ひん》と呼ばれ、天皇との間に子が生まれても、その子は天皇にはなれないとされていました。

こうした伝統《しきたり》の中にあって、磐姫《いわのひめ》は、武内宿禰《たけのうちすくね》の孫にあたる、臣籍の出自の女性です。磐姫は、臣籍から皇后となった初例です。そして夫の仁徳天皇との間にできた四人の男子のうち、三人を天皇の地位につけています。

それだけに磐姫には、言い知れぬご苦労があったのでしょう。記紀に「夫である仁徳天皇の御寵愛《ごちょうあい》を一身に集めているのは、磐姫皇后が嫉妬《しっと》深くて他の女性を天皇に近づけさせないためだ」などとまで書いていますが、大切なことは他にあります。

右にご紹介した四首の歌にあるように、磐姫皇后は、まさに全身全霊を込めて夫の仁徳天皇を愛したのです。そしてこれらの歌は、我が国が、そんな「一途《いちず》な女性の愛は、皇族であるという血筋にさえまさる」としてきた国柄であることを象徴しているのです。

仁徳天皇の仁政

夫の仁徳天皇は、我が国の施政《しせい》の根本を教えてくださった偉大な天皇です。有名なお話としては「民のかまどは賑《にぎ》いにけり」の物語があります。

仁徳天皇の四年、天皇が難波高津宮《なにわのたかつのみや》から遠くをご覧《らん》になられ、「民のかまどより煙がたちのぼらないのは、貧しくて炊くものがないからではないか。都がこうだから、地方はなおひどいことであろう」と、向こう三年の租税《そぜい》を免《めん》じたというのです。

このお話には後日談があって、三年経って天皇が三国峠《みくにとうげ》の高台に出られて炊煙《すいえん》が盛《さか》んに立つのをご覧になり、かたわらの皇后に、「朕《ちん》はすでに富《と》んだ。嬉《よろ》ばしいことだ」と申されたというのです。

皇后が「変なことをおっしゃいますね。宮垣《みやがき》が崩《くず》れ、屋根が破れているのに、どうして富んだ、と言えるのですか」と問うと、「よく聞けよ。政事《まつりごと》は民を本《もと》としなければならない。その民が富んでいるのだから、朕《ちん》も富んだことになるのだ」と、仁徳天皇はニッコリと話されたといいます。

その仁徳天皇はまた、難波《なにわ》の堀江《ほりえ》の開削《かいさく》、茨田堤《まんだのつつみ》（大阪府寝屋川市付近）の築造《ちくぞう》（日本最初の大規模土木事業）、山背《やましろ》の栗隈県《くるくまのあがた》（京都府城陽市西北〜久世郡久御山町）に灌漑《かんがい》用水の造営、茨田屯倉《まむたのみやけ》設立、和珥池《わにのいけ》（奈良市）、横野堤《よこののつつみ》（大阪市生野区）の築造、灌漑用水としての感玖大溝《こむくのおおみぞ》（大阪府南河内郡河南町あたり）の掘削《くっさく》による広大な田地の開拓など、たいへんな土木工事をおこなわれた天皇でもあります。

今、堺市のあたりは広大な平野が広がっていますが、その半分は仁徳天皇の時代に開墾《かいこん》されて田となったところです。ですから、そこに仁徳天皇の御陵《ごりょう》があるのです。

広大な土地の開墾や水路事業は、すべて国民が飢《う》えないように、国民みんなが腹一杯飯が食えて、元気に生きていくことができるようにとの願いからおこなわれたものです。

それは仁徳天皇の、まさに全知全霊を込めた民衆への愛です。そしてそのような深い愛をもつ夫を、これまた全身全霊で愛し続けた女性。それが磐姫皇后であられたのです。

四　小野小町が美しい理由

紀貫之を魅了した美

花の色は　うつりにけりな　いたづらに　わが身世《みよ》にふる　ながめせしまに

ご存じのとおり、百人一首の九番歌に記されている小野小町《おののこまち》の歌です。

私の大好きな歌で、これほどまでに男心をとろかし、また女性に憧《あこが》れを抱《いだ》かせ、知的で美しく、たおやかでしなやかな歌は、古今の歌の中でも、まさに筆頭と言ってもいいくらい。まことに素晴らしい歌だと思います。

けれど、ものすごく残念なことに、この素晴らしい歌を、最近の和歌の解説本では、どれもこれも、

「花はむなしく色あせてしまったわ。世の雨を眺《なが》めている間に、私の容姿はむなしく色褪《あ》せ、私はおばあさんになってしまったわ」のように解説しています。

そんな解説を読むたびに、私は悔しくて悔しくて、とても悲しい気持ちにさせられてしまいます。

なぜなら、そもそも小野小町は、我が国を代表する美人の代名詞とも呼ばれる女性です。そんな美しい女性が、「私はおばあさんになってしまったわ」と愚痴《ぐち》を言っていることの、どこがどう素晴らしい歌になるのでしょうか。

小野小町は本当に、自分の衰《おとろ》えを歌に詠《よ》んだのでしょうか。そもそも、小野小町は本当に美人だったのでしょうか。

小野小町の肖像画というものは存在しないので、小野小町の美しさを知るすべはありません。

なるほど、恋の歌をたくさん残している歌人ですし、ある日、殿方から送られた恋文を燃やしたら、あまりの量にそこが小町文塚《ふみづか》となったというくらい、たくさんのラブレターをもらった女性ですから、美人であったことでしょう。

けれど、その小町を「美人だ！」と言ったのは、小町が生きていた時代の人ではなく、小町が亡くなって二百年も経ったあとの紀貫之《きのつらゆき》です。

紀貫之は小町に会ってはいないのです。会ってもいないのに、どうして紀貫之が小町を美人だと騒ぎ出したのでしょうか。それは、小町のこの歌が、あまりにも美しかったからです。これだけでも、この歌が我が身の衰えた美を嘆く、年寄りの愚痴ではないことがわかります。

この歌で大事なのは「花」です。この時代「花」といえば桜をあらわします。

桜の花びらは、色が変わることはありません。満開に咲き誇っているときも、はらはらと散ったあとも同じ、美しい桜色をしています。

小町は「花の色はうつりにけりな」と詠んでいます。それは桜花の状態が移っていく、つまり散っていくことを意味します。

なぜ散るのかといえば、「世に降る」つまり、雨が降っているからで、それが「世に降る」で、時を経てという意味にもかかっています。

その雨を、「眺めせしまに（眺めている間に）」というのです。

雨が降っている。小町の見ている前で、雨に打たれて桜の花びらが散っていく。けれど花びらの色は変わりません。雨が降って散る桜もあるけれど、散らずにまだ咲いている桜花も、同じく薄いピンク色をしています。

そして、小町はこの歌のどこにも、「花が散った」とは詠んでいません。

つまり小町は、「私はまだ散っていないわよ」と詠んでいるのです。

老いてなお恋心を輝かせる女性

この歌は、小町晩年の作と言われています。九十二歳まで生きた小町の晩年ですから、七十代か八十代かもしれません。

そんな年齢の小町が「私、まだ散っていないわよ」、もっというなら、「私恋がしたいわ」と詠んでいるのです。

いくつになっても、恋する情熱は、女性を（男性もですが）輝かせます。そして、いくつになっても、老境に至ってもなお、恋する情熱を失わない。そんな若々しい心を失わない小町をして、紀貫之は「絶世の美女」と讃《たた》えたのです。

そして、百人一首の選者の藤原定家も、この歌を、なんとヒトケタの九番歌にもってきているのです。

これが日本の心です。

世界三大美女といえば、クレオパトラに楊貴妃に、先に紹介したトロイヤ戦争のヘレネです。三人とも傾城《けいせい》、傾国《けいこく》の美女です。

つまり、その美しさゆえに、国を城を滅ぼしてしまった、そういう女性たちです。

けれど小町は、心の美女です。外見や若さではなく、人間としての内面を愛し尊重する、これが日本文化の大きな特徴です。

そして、そのことを象徴しているからこそ、この小町の歌は、名歌とされているのです。

第四章

歌で読み解く女性の輝き

ここまで見てきていただいたとおり、その言葉を尊重され、時には激しいほどに喜怒哀楽を表現しても受け入れられてきた日本の女性たち。

和歌という世界で、女性たちはさらに自由に伸びやかに自分を表現し、その魅力は輝きを増し、現代を生きる私たちをも魅了してやみません。

この章では和歌を通じて、日本の女性の感性やその美しさを感じていただきたいと思います。その美しさを育んだのはまぎれもなく、男女対等の日本人の精神です。

一　紫式部——世界最古の女流文学を遺す

めぐり逢ひて

めぐり逢《あ》ひて　見しやそれとも分かぬ間に　雲隠れにし夜半《よわ》の月影

（現代語訳：久しぶりにめぐりあったけれど、見たかどうかもわからないうちに、月影のように雲に隠れてしまいましたわ）

千年の月日を超えた今、たとえ総理大臣の名前を知らなくても、日本人なら誰もが紫式部《むらさきしきぶ》という名前を知っているのではないでしょうか。

紫式部といえば、『源氏物語』の作者として有名です。

『源氏物語』は、世界最古の長編女流文学として、今では世界二十ヵ国語に翻訳され、国内でもいろいろな先生方が現代語訳を発表しています。

紫式部は、生涯に多数の歌を遺《のこ》していますが、藤原定家《ていか》が百人一首に「この一首」として選んだのが、この「めぐり逢ひて」の歌です。

紫式部のことを知るためにも、詳しく見ていきましょう。

この歌は『新古今和歌集』の一四九九番に掲載され、詞書《ことばがき》には、次の記述があります。

「はやくより、わらはともだちに侍《はべ》りける人の、としごろへてゆきあひたる、ほのかにて、七月十日の比、月にきほひてかへり侍りければ」

現代語にすると次のようになります。

「童女のころからの幼《おさな》なじみだった人と、年ごろになって再び出逢いました。わずかな時間で、七月の十日の月に競うように帰られたので」

そして「久しぶりにめぐりあったけれど、見たかどうかもわからないうちに、月影のように雲に隠れてしまいましたわ」と詠んでいるわけです。

この再会に「逢」という漢字が使われています。この字は一般には男女の逢瀬《おうせ》を意味しますが、もともとは「道で偶然出会う」といったときに使われる漢字です。

したがって、ここで出会った相手は、幼なじみとわかるだけで、男か女かはあまり問題になりません。その友達と偶然出会って、友達と別れたのが、十日の月のある夜半です。

この時代、高貴な女性が夜半に外を出歩くことはあまりありません。相手の性別はわかりませんが、紫式部は女性ですので、二人が出会った時間帯は、まだ陽があるうちであったことになります。

ところが、別れたのが夜半だ、というのです。そこからお二人は数時間、おしゃべりに花を咲かせていたとわかります。それが振り返ってみれば一瞬のことにしか思えない。つまり物理的時間としては、まる半日のおしゃべりだったけれど、心理的には、ほんの一瞬のことにしか感じられなかったということを、紫式部は「見しやそれとも分かぬ間に」と詠んでいます。

下の句には「月影」と出てきます。月は満ちたり欠けたりするもの、つまり「めぐるもの」です。歌い出しが「めぐりあいて」で、末尾が「月」で「めぐるもの」です。何か意図がありそうです。

藤原定家《ていか》が『百人一首』に先がけて編纂した『百人秀歌』やカルタでは、この歌の末尾を「月かな」としています。最近の解説書なども「月かな」となっているものがあります。

「月影」よりも「月かな」のほうが意味が取りやすいからです。

どういうことかというと、「月かな」の場合は、「幼なじみとたまたまめぐりあったけれど、すぐに別れてしまいました。見上げると、そこに十日の月が浮かんでいましたよ」という歌意になるからです。

ところが末尾が「月影」になると、少し意味が変わってきます。

月影というのは月の光に映し出された影のことです。十日の月というのは、満月になる前の半月よりも少し太ったお月さまです。その月が夜半ですから、月が中空にかかっています。満月ほど明るい月夜ではありませんのであたりは少し暗い。

その月の光に照らされた幼なじみが、月の光が雲に隠れてしまって、まるであたりが真っ暗になってしまったかのように、その人は去ってしまったと詠んでいます。

いったい何があったのでしょうか。

歌に込めた思い

紫式部は、父が蔵人式部丞《くらんどのしきぶのじょう》で、そこから式部と呼ばれるようになりました。

どうして本名で呼ばないかって？　これもまた日本の古《いにしえ》からの風習で、「大切なものは隠す」からです。人の名前というのは、その霊止《ひと》（人）の真の姿の投影です。だから「大切なもの」。普段は隠していて、別な名前で呼び合うのです。

この習慣は、ほんのひと昔までは日本人の常識で、ご年輩の方なら、昔、必ず「あだ名」で呼ばれていた記憶があるものです。

千年前の紫式部の時代も同じで、初めのうちは、彼女が藤原姓であったことから藤式部《ふじしきぶ》様と呼ばれていたのですが、一条天皇の御生誕の祝儀のとき、大納言《だいなごん》の藤原公任《ふじわらのきんとう》が、「わか紫やさぶらふ（君はまるで若紫みたいな女性だね）」と話しかけたことがきっかけで、以後、紫式部と呼ばれるようになりました。

ここから紫式部がはたから見ても薄紫色をイメージするような、静かでおとなしい雰囲気のある女性であったことが想像できます。

そんな彼女は二十代の半ばごろ、父の転勤に付いて、越前国《えちぜんのくに》（今の福井県）で暮らしています。彼女が『源氏物語』を執筆するのはその後、京に戻ってからのことです。

要するに紫式部は、地方転勤族の家庭に育ったわけで、その彼女と幼なじみの友というなら、その友もまた、転勤族の子であった可能性があり、年齢的には、本人またはその配偶者が転勤族であったのかもしれません。

そして、その友があまり意に沿わない（意に沿わないものであることは「月影」という用語からわかります）遠隔地への転勤が決まる。その挨拶回りをしているところに、たまたま紫式部はばったりと出会うわけです。

この時代、日本海側の越前や越後は、日本海交易が盛んな地域でした。現代と違い、太平洋側でなく、日本海側が商業や産業の中心となっていたのです。

ですから紫式部の父のように、越前や越後の国司に任ぜられるということは、収入の多いエリートコースでした。

けれどもそうでない地域への赴任《ふにん》となれば、それはいわば「都落ち」のようなものです。

無事に都に帰れる保証もありません。

そのような状況の幼なじみとたまたま路上で出会う。つい話し込んでしまって、別れたのが夜半です。

月は「めぐるもの」で、初句の「めぐりあい」との縁語《えんご》です。

そして「月影」さえも消えてしまうのです。

そこに「めぐりあったけれど、相手の幼馴染にとっては、けっして喜ばしいとはいえない事情を伺うことができます。

そんな友人を紫式部は、

「いつかは時がめぐって、また都に帰ってくる日がきっと来るよ。ね、だからはやく都に帰っておいでよ」と、やさしく励《はげ》ましていることがうかがえます。

紫式部の孤独

こうした歌意から、さらに紫式部がどのような女性であったかを察することができます。

めぐりあった友は幼なじみです。幼いころの紫式部は都で生活しているわけです。つまり、その友達も、同じ都で生活していたのです。にもかかわらず、その友達と紫式部は、「としごろへてゆきあひたる」、つまり何年ぶりかに会っています。

しかも半日以上にも及ぶ長い時間のおしゃべりが、紫式部にとっては、ほんの一瞬にしか感じられなかったほどです。

紫式部にとっては、その友達は、大切な友であったのでしょう。

けれど、その友達にとっての紫式部は、どういう存在だったのでしょうか。それほど親しい友なら、同じ都にいるのです。もっと頻繁《ひんぱん》に交流があってもよさそうなものです。しかし、それをしていない。つまり紫式部との関係は、わりと疎遠《そえん》です。

紫式部は、十代のころに兄が読んでいた漢文の『史記』をたちまち暗記し、兄の間違いまで指摘してしまったほどの才女です。そして宮中に入ってからは『源氏物語』や『紫式部日記』を執筆し、さらに自撰和歌集『紫式部集』を編纂《へんさん》するほどの才能の持ち主です。

しかし、そういう文筆家タイプは、これは今も昔もですけれど、わりと孤独な人が多いものです。

おそらくは紫式部はかなりの才女ではあったけれど、けっして友達は多いほうではなく、そういう面においては、寂しい女性であったのでしょう。その寂しさがあったからこそ、彼女の思いは創作へと向かい、あれだけの大作を執筆できたのかもしれません。

紫式部は、和泉式部のように男性への愛に生きた女性ではありません。また、清少納言《せいしょうなごん》のような、底抜けに明るくて、いつも友達に囲まれてはしゃいでいるような明るいタイプの女性でもありません。

素朴でおとなしくて、もの静かで地味で、薄紫をイメージさせるような女性です。『源氏物語』という、たいへん有名かつ素晴らしい文学作品を世に残した女性ですから、周囲からちやほやされて、たくさんの取り巻きに囲まれていたスターのような存在と思いがちですが、本人は物静かなひとりでいることを好む女性であったのかもしれません。

そのようなタイプの人は、男性でも女性でも、周囲から敬遠されがちです。めぐりあったその幼なじみも同様、日ごろは紫式部とあまり接していません。

それでも紫式部は、相手のその幼なじみを自分にとっての大切な友と思い、その友に久しぶりに出会えたことがとても嬉しかったし、「元気ではやく都に帰っておいでよ」と優しく励ますという気遣いを見せています。

この歌の表面的な意味は、単に「久しぶりに幼馴染の友に会ったけれど、すぐに別れて（帰って）しまいましたわ」というものです。

けれども「見しやそれともわかぬまに」「月影」というヒントから、この歌の真意を読み解いていくと、なんとその友のつらい状況から、紫式部の人柄や人生にまで触れることができてしまうのです。


紫式部の人生は、流行《はや》りの作家という一見、華やかなものに思えてしまいますが、実際には優秀な作品を書いた分、とても孤独で寂しかったものであったのかもしれません。けれど、その孤独が不朽の名作の『源氏物語』を生んでいます。また、友達への優しい思いやりの心を育ませています。

どんなに孤独な状況にあったとしても、人を大切に思い、人へのやさしさを失わない。紫式部はきっとそのような女性だったのです。

二　伊勢——女流歌人の先駆者

逢はでこの世を

百人一首の十九番に、伊勢の和歌があります。
意味がわかると、ものすごく深い和歌なので、ご紹介したいと思います。

難波潟《なにわがた》　短《みじか》き蘆《あし》の　ふしの間《ま》も　逢《あ》はでこの世《よ》を　過《す》ぐしてよとや

（現代語訳：大阪湾の干潟《ひがた》にある蘆《あし》の茎《くき》の、節と節の間くらいの短い時間さえ逢《あ》わないでこの世を過ごすことなんてできないとおっしゃったのはあなたですよ）

なにやらちょっと攻撃的な感じもしますが、一般な解釈は、「難波潟に生える蘆の節と節の間のように短い時間でさえも、あなたにお逢いできずにこの世を過ごせというのですか？」というものです。女性である伊勢が、あたかも上目遣いで男性に媚《こ》びているような解釈ですが、多くの解説書がこう書いています。

けれど歌の背景をよくよく調べていくと、この歌の意味はまるで違うことがわかります。

女流歌人の先駆者

伊勢は平安前期の女流歌人です。

そして、その後の平安中期を代表する和泉式部や紫式部、清少納言などの女流歌人たちに、大きな影響を与えた女性でもあります。

伊勢がいたからその後の平安女流歌人たちの興隆があったといってもいいのです。

それほどまでに伊勢の存在は偉大だったのです。その伊勢が「上目遣いに男に媚びて」いるような女性だったのでしょうか。

伊勢は従五位上・藤原継蔭《つぐかげ》の娘です。父が伊勢守《いせのかみ》であったことから、伊勢と呼ばれるようになりました。

十代で優秀さが認められて、宇多《うだ》天皇の中宮《ちゅうぐう》（天皇の妻のこと）である藤原温子《あつこ》（昔の女性の名前は漢字で書かれていて読みがわからないことから、学会では基本「音読み」をすることになっていて、だから温子は「おんし」と読むのが通例ですが、そう言いながら男性の名は普通に訓読みされています。なんだか意図的なものを感じて、あまり好きになれないので本書では「あつこ」と読ませていただきます。）のもとに仕《つか》えるようになるのですが、その藤原温子は、時の権力者である藤原基経《もとつね》の長女です。

藤原基経は、我が国初の関白となった、たいへんな実力者です。温子《あつこ》には弟がおり、藤原仲平《なかひら》といいます。たいへんな貴公子でイケメンだったといわれています。温子と仲平は仲のよい姉弟だったそうで、仲平はよく姉の温子のもとに出入りしていました。

そして仲平は、姉のもとで働いている同じ年ごろの伊勢を見初《みそ》めるのです。二人は大熱愛に陥《おちい》ります。十代の恋です。しかも互いに初めての相手です。どれだけ熱く燃えたことでしょう。

ところがその仲平が、熱愛のさなかに、別な女性と結婚してしまうのです。

このことは時代を考えれば、やむを得ないことです。この時代、何より重要視されたのが、家の存続です。そもそも給料の概念さえも、今とまったく違います。

現代日本では給料は働く人、個人に支払われますが、我が国では、ほんの少し前まで、給料は家（世帯）に支払われるものだったのです。

平安時代も同じです。ですから偉い人であればあるほど、家を維持することが求められました。時の最高権力者であった父の藤原基経からしてみれば、次男とはいえ、たかが国司ふぜいの娘を嫁にするわけにはいかなかったのです。

しかるべき身分の女性を妻にしなければ、家格《かかく》の釣《つ》り合いが取れない。この「家格の釣り合い」についても、少し説明が必要です。

家の財務管理の責任は嫁に

給料（所得）が家に払われるということは、家にふだん居《い》る者がしなければなりません。

このため、家の財務の管理はすべて嫁に入った奥方《おくがた》が管理するものでした。嫁になった女性が、夫の稼ぎの全部の管理をするのです。そして我が国は、権限と責任は常にセットにしてきた国柄です。嫁が家計全部の管理をおこなうということは、万一、その嫁に不実があった場合、嫁の実家がその全責任を負うのです。

財産管理のいっさいを委《ゆだ》ねるのですから、その保証が必要なことはいうまでもありません。ですから、嫁となる女性は、その後見人《こうけんにん》となる実家が、主家の家計に万一のことがあったときに、これを保証できるだけの財力が求められました。だから「家格の釣り合い」が必要だったのです。

かような背景がありますから、十代の仲平に、最高権力者である父の命令を拒《こば》むことなどできません。

こうして仲平は、熱愛のさなかに、高い身分の家柄の善子《よしこ》と結婚するのです。これはいたしかたないことです。

けれど、伊勢にしてみれば、これは大ショックです。ましてや、伊勢はまだ十代半ば。初めての恋愛に一途に燃え上がっていたに違いありません。

傷心の伊勢はそのころ、父が大和《やまと》に国司として赴任《ふにん》していたので、中宮温子におひまをいただき、都を捨てて父のいる大和に去りました。その大和で伊勢が詠《よ》んだ歌があります。

忘れなむ　世にもこしぢの帰山《かえりやま》　いつはた人に逢《あ》はむとすらむ

（現代語訳：もう忘れてしまおう。あの人とのことは、もう峠を越えたんだから……）

伊勢の悲しい気持ちが、そのまま伝わってくるようです。

仲平への返歌

けれどもあまりに優秀な女官である伊勢を、世間は放っておいてはくれません。一年ほど経《た》ったある日、中宮温子から伊勢のもとに、「再び都に戻って出仕《しゅっし》するように」とお呼びがかかるのです。

中宮温子は心やさしい、思いやりのある女性です。弟の仲平と伊勢のこともちゃんと知っています。それでも、「あなたのように才能のある女性が、大和などでくすぶっていてはいけません。もう一度私のところに出仕しなさい。あなたはもっとずっと活躍できる女性です」と宮中に呼んでくださったのです。

大恩ある中宮様からのお声がかりとなれば、伊勢に断ることはできません。伊勢は、再び都に戻って温子のもとに出仕します。

もともと頭もいいし美人だし気立てもいい、才色兼備《さいしょくけんび》の女性です。都にあって伊勢は、各種の歌会でもひっぱりだこになるし、頼まれて屏風歌《びょうぶうた》を書いたりもしています。伊勢は宮中で、とても輝《かがや》く存在となるのです。

そんなある日、宇多《うだ》天皇が、伊勢の家でみごとに咲いていると評判の、女郎花《おみなえし》の献上を命じました。

それを知った仲平が、伊勢に歌を贈るのです。その歌は「一度お会いしませんか？」というものでした。

このとき仲平は、すでに左大臣になっています。左大臣というのは、朝廷で太政《だじょう》大臣に次ぐ位です。すでに仲平は、強大な権力を手にする男になっていたのです。

そんな強大な権力者である左大臣の仲平が「お会いしませんか？」というのは、お伺いではありません。権力の強大さを考えたら、これは命令に等しいものです。和歌《うた》には和歌《うた》でお返しするのが礼儀です。伊勢は仲平に歌を送りました。

をみなへし　折りも折らずも　いにしへを　さらにかくべき　ものならなくに

（現代語訳：女郎花の花は、折っても折らなくても、昔のことを思い出させる花ではありませんわ。私は今さらあなたのことを心にかけてなどいないし、これを機会に昔を懐《なつ》かしむ気持ちもありません）

揺れる思いにけじめをつける

なんとも、キッパリしたものです。

相手がどのような政治権力者であっても、「私はもうあなたとは逢わないと決めたのです。二人は別々の人生を歩くと決めたのです。だから、あなたがどんなに昔を懐かしく思おうと、私にはあなたとお会いするその気はまったくありませんわ」というわけです。

男性の私には、仲平の気持ちがわかる気がします。

男の愛は責任です。なんとかして伊勢を幸せにしてあげたい。今の俺には力がある。伊勢の幸せを実現できる実力がある。だから変な欲望ではなく、ただ会って、食事でもして、あのこぼれ落ちるような笑顔を見せてもらって、彼女に何か望みがあるのなら、どんなことでもかなえてあげたい。お前を真剣に愛した一人の男として、お前への愛の責任をまっとうしたい。それは一人の女性を心から愛した「男の想い」です。

けれど、伊勢は女性です。仲平のことは赤の他人、別な人、異なる人生、関係ない他人と、もう決めたのです。そして、このときに伊勢が詠んだのが、冒頭の歌です。

伊勢集にはこの歌について、こんな詞書《ことばがき》が添えられています。

「秋の頃うたて人の物言ひけるに」

「秋の頃」というのは、まさに女郎花《おみなえし》の花が咲くころです。「うたて人」は、嫌な奴とか、大嫌いな奴、気味の悪い奴、不愉快な奴といった意味の言葉です。

伊勢は、左大臣である仲平を「ただの嫌な奴」と書いているのです。

それを踏まえて、この歌をもう一度読んでみましょう。

難波潟《なにわがた》　短《みじか》き蘆《あし》のふしの間《ま》も　逢《あ》はでこの世《よ》を　過《す》ぐしてよとや

（現代語訳：難波の干潟にある葦にある節と節の間くらいの短い時間さえ、おまえと逢わずにいられようか。ずっと一緒だよ、とおっしゃったのは、あ、な、た、ですよ）

いかがでしょうか。

要するに伊勢は、自分を裏切った（と感じた）仲平が、たとえ左大臣という政治上の要職者にまで出世し、巨大な権力と財力を得るようになったとしても、許すことができないと詠んでいるのです。

でも本当にそうなのでしょうか。私はそれだけでもないように思います。あれほど愛した仲平を、伊勢は「許せない、嫌いだ」と詠んだ、ただそれだけなのでしょうか。

すでに仲平には「をみなへし折りも折らずもいにしへを……」と和歌で返事を書いているのです。にもかかわらず、わざわざ「うたて人の物言ひけるに」とこの歌を残したのは、もしかしたら「揺《ゆ》れる想いに自分なりのけじめをつけようとした」のではないでしょうか。

その後の伊勢

さて、その後の伊勢の人生です。

やがて伊勢は宇多天皇の寵愛《ちょうあい》を得て、皇子《みこ》の行明親王《ゆきあきらしんのう》を産《う》み、伊勢御息所《いせのみやすどころ》と呼ばれるようになりました。

御息所と呼ばれるのは、宇多天皇にとって、数ある妻（当時は一夫多妻制です）の中で、伊勢のもとがいちばんくつろぐという意味です。

ところがせっかく授《さず》かった皇子は、五歳（八歳、二十二歳とするなど諸説あり）で夭折《ようせつ》してしまいます。悲しんだ宇多天皇は皇位を譲位され、落飾《らくしょく》して出家されてしまわれます。そして、伊勢がお世話になった中宮温子も薨去《こうきょ》されました。

悲しみに沈む伊勢はこのころ、三十歳を過ぎていたけれど、宇多院《うだいん》（もとの宇多天皇）の第四皇子である敦慶親王《あつよし》（二十五歳）から求婚され、結ばれて女児・中務《なかつかさ》を生んでいます。中務は、立派な女流歌人として、生涯をまっとうしています。

伊勢の歌は、『古今和歌集』に二十三首、『後撰集』に七十二首、『拾遺集』に二十五首が入集し、勅撰入集歌は合計一八五首に及びます。

これは歴代女流歌人中、最多です。

伊勢の歌集の『伊勢集』にある物語風の自伝は、のちの『和泉式部日記』などに強い影響を与えました。そして、悲しくも強く生きた伊勢は、その後の多くの女流歌人たちにも大いなる影響を与えたのです。

いかがでしょう。千年前の女性も現代の女性も、その心においては、まったく変わらないのではないでしょうか。

三　小式部内侍――疑いと中傷を跳ね返す

躍動する『百人一首』

さて、『百人一首』について、皆さんはどんな印象をおもちでしょうか。貴族たちが恋心や四季の美しさを歌う上品でたおやかな世界……、そんな感じでしょうか。

じつは、『百人一首』の世界はもっとずっと躍動的《やくどう》で活動的です。

一番歌の天智天皇からして、我が国最高位の天皇の地位におわしながら、民百姓《たみひゃくしょう》と一緒に率先して田んぼの泥水に浸かって田植えはするし、虫に刺されながら稲刈りをするし、朝早くから夜遅くまで、庵《いおり》に入って藁《わら》を編まれています。

二番歌の持統天皇は真夏の強い日差しのもとで汗びっしょりになって首から手ぬぐいを

ぶらさげ、汗を拭き拭き洗濯をし、その洗濯物を干されています。

五十九番の赤染衛門《あかぞめえもん》に至っては、女性でありながら、約束を破って来ない彼氏に対して、「あんた、いいかげんにしなさいよ。来ないならグレてやるから！」てなものです。

じつに活き活きとしているのです。

『百人一首』には現代の今、自分が感じているこの気持ちが、じつは何百年前の、あるいは千年前の誰それが感じた気持ちと同じものだという共感があります。そのことは歴史と今を生きる私たちとを一体化させてくれます。

取り巻く環境は変わっていても、日本人の心は変わっていない。だからそこに共感があるし、感動があるのです。

では、そんな『百人一首』の六十番歌である、小式部内侍《こしきぶのないし》の歌を見ていきましょう。

大江山《おおえやま》　いく野の道の遠ければ　まだふみも見ず天《あま》の橋立《はしだて》

（現代語訳：大江山まで行く道のりは、いくつもの野を越える遠いところです。ですからまだ私

は、そこへ行く道を踏んだこともありませんし、天の橋立てに行った母からの手紙も、まだ見ていませんわ）

大歌人の娘であるがゆえの中傷

小式部内侍の母は和泉式部《いずみしきぶ》です。父は、和泉式部の名前の由来となった和泉守《いずみのかみ》・橘道貞《たちばなのみちさだ》、つまり小式部内侍は和泉式部の最初の夫との間にできた娘です。

この小式部内侍について、「産まれてから祖父母のもとにずっと預けられて育った」などと書いているものを見かけますが、これまたとんでもない誤解を招きやすい表現です。

そもそも当時は通い婚社会です。夫が妻のもとに通ってくる。その妻は今どきのような一人暮らしではありません。育った実家で生活しているわけです。

つまり母の和泉式部は、親（小式部内侍からみたら祖父母）と同居しているわけで、その親も、そのまた親が生きているかぎり、同居しています。要するに小式部内侍は、母と、祖父母、もし生きていれば曾祖父母とも同居するという大家族で生活しているのです。

和泉式部は、頭のよい女性でしたから、一条天皇の中宮の彰子《あきこ》のもとで働いていました。

ですから日中は宮中に出仕するし、日によっては宮中に寝泊まりしていても、仕事が済めばちゃんと家に帰宅するわけです。

母親の和泉式部が仕事でいないときは、祖父母が子育てをしたかもしれませんが、帰宅すれば母子は一緒です。

小式部内侍は、天才歌人といっていい和泉式部に育てられましたし、母の血を引いていますから、彼女もやはり若いころから古今の歌に和学、漢学に通じる歌の達人となっていました。そして、二十歳になったときには、母と同じく一条天皇の中宮の彰子のもとで働くようになりました。

母と同じところで「内侍《ないし》」として働いているので、母の和泉式部と区別する意味で小式《こしき》部《ぶ》と呼ばれるようになり、通称が小式部内侍《こしきぶのないし》となりました。

ところがこの歌を詠んだころの小式部内侍は、とてもつらい毎日でした。宮中で中傷を浴びていたのです。

母の和泉式部は、天才といっていい女流歌人です。小式部内侍も、まさに親譲りの天才的歌人でした。そんな小式部内侍が、あまりにも見事な歌を詠むことから、「じつはあの歌は、母の和泉式部に代作してもらってるんだよ」などという、妙な噂をたてられていたのです。

優《すぐ》れた人というのは、とかく中傷を受けるものです。「出る杭《くい》は打たれる」というやつで、目立つから叩かれる。

中傷というのは、言葉を変えれば名誉毀損《めいよきそん》です。小式部内侍はこのとき、優秀な女性であるということで中宮彰子の内侍になっているわけですから、これは信用毀損《しんようきそん》行為でもあります。

一生懸命、働いているのに、どうしてそんなあらぬ中傷を受けるのか。母の名声はありがたいけれど、小式部内侍自身だって懸命《けんめい》に努力しているのです。

まして女性たちの世界です。中傷を受ければ、周囲の目もだんだんに冷たくなる。陰口をたたかれるというのは、言われる身になってみれば、とても辛《つら》いことです。

そんな中で、宮中で大きな歌会が開かれることになりました。

歌会は宮中きっての一大イベントです。選ばれた、優れた歌人たちが左右に分かれ、テーマごとに一首ずつ歌を詠む。そして勝敗を競います。今でいう『紅白歌合戦』のようなものです。小式部内侍も、選手のひとりに選ばれました。

主催は、当時、宮中にあって芸事の総責任者をしていた大納言の藤原公任《きんとう》です。そして、このときの小式部内侍の彼氏が、その藤原公任の長男の藤原定頼《さだより》です。

悲しいことに小式部内侍は、自分をいちばん信じてもらいたいその彼氏にまで、疑いの目をかけられてしまうのです。

愛する人からの疑いの目

それは、歌会への彼女の出場が決まったときのことでした。

彼氏の定頼がやって来て、「君は、お母さんに代作を頼んでいるんだろ? 出場して大丈夫?」と、聞いてきたのです。「ひどぉ〜い!」と言って泣き出してしまってもおかしくないシーンです。

世間の噂話を鵜呑《うの》みにして、愛する彼にまで疑いの眼を向けられてしまう。小式部内侍にしてみれば、こんなに悔《くや》しくて悲《かな》しいことはなかったことでしょう。

けれど小式部内侍は、そこで泣き崩れることはありませんでした。黙って、サラサラと歌を書いて、彼にそれを渡したのです。即興歌《そっきょうか》です。それがこの六十番歌です。

大江山　いく野の道の　遠ければ　まだふみも見ず　天の橋立

（現代語訳：大江山は京都の北の山で、そこへ行く野の道はいくつもの野を越える遠い道のりです。私はまだその道を踏んだことはありません。大江山の向こうには美しい景勝の地である天の橋立がありますが、そこにも、私はまだ行ったこともないのですよ）

表面上は、景勝地を詠んだ美しい歌です。けれど上の句と下の句で、小式部内侍が示した歌の心は、「私は大江山にも天の橋立にも行ったことはないし、そこにいる母との文（手紙）のやりとりもしていませんわ」というものです。

このころ、小式部内侍の母、和泉式部《いずみしきぶ》は藤原保昌《やすまさ》と結婚し、夫とともに任地の丹後に行っていました。丹後は天の橋立があるところです。

この歌は、たった三十一文字の中で、「行く」と「いくつも」、「文」と「踏み」と美しく掛け、しかも名勝である天の橋立てを歌に詠み込むことで、歌単独としても、じつに優雅で気品がある仕上がりになっています。

しかも、言外には明確に「母に代作など頼んでいませんよ」と主張しているし、しかもそこには母への温かい愛情も感じられる。こんなすごい歌を即興で返したなんて、小式部内侍はどれだけ頭の良い女性だったのでしょうか。

それればかりか、この歌のどこにも、疑われた自分を嘆《なげ》く様子も、噂を鵜呑《うの》みにした定頼を責《せ》める言葉も、悪口を言っている人たちへの不満や、自身の言い訳さえもまったくありません。

彼女は、たった一首の美しい景勝の歌で、自分に向けられた疑いを見事に晴らし、悪意さえも跳ね返してしまったのです。

この歌を見せられた定頼の気持ちはいかばかりだったことでしょう。

彼は、自分の彼女をほんの少しでも疑った自分が恥ずかしかったでしょうし、なんとしても彼女の身の潔白を晴らそうと思ったことでしょう。彼は宮中で「彼女はいろいろ言われているけれど、なんと即答でこんなに素晴らしい歌を返してきたのですよ」と、触れ回ってくれたのです。

小式部内侍は、堂々と歌会の務めを果たしました。そして、千年経った今も、小式部内侍の才能も身の潔白《けっぱく》も、こうして歌とともに伝わっているのです。

この歌と、そこから派生した物語について、ひとつ補足しておかなければならないことがあります。それは、彼氏の父親の大納言藤原公任《ふじわらのきんとう》のことです。

大納言藤原公任は、当時の宮中の歌会の責任者であったわけですが、その藤原公任が小式部内侍を歌会に招いているわけです。

おかげでそれを心配した息子が小式部内侍を訪ね、この歌が世に残る結果になったのですが、なぜ、疑いをもたれている小式部内侍を、藤原公任は歌会に招いたのでしょうか。

当代を代表する歌人でもある大納言藤原公任は、小式部内侍への中傷が、理由のない悪意によるものにすぎないことをちゃんと見抜いていたのです。

和泉式部と小式部内侍は、あきらかに歌風が違う。ということは、歌は母の代作ではない。大納言藤原公任はそこを見抜いていたからこそ、彼女を歌会に招いているのです。

狭い宮中の社会です。小式部内侍に関する悪い噂は、大納言の耳にもちゃんと入っています。しかも歌会は、陛下の前で開催されるオフィシャルなものであり、大納言はその責任者です。そこに才能もない、母に代作を頼んでいるような性根《しょうね》の曲がった女性を登場させれば、それは大納言の大きな失点になってしまいます。だからこそ誰を選ぶかは大納言の責任なのです。そのリスクは大きいといえます。

ところが大納言は堂々と彼女を指名しました。歌で事実をちゃんと見抜いていたからです。

末代までの恥

一方で、このことは悪意ある中傷をまきちらしていた人たちが、和泉式部と小式部内侍の歌風の違いを見抜くことができない、両の目が節穴の人たちであることを意味します。

そもそも、他人をこきおろしたところで自分の値打ちが上がるわけではありません。他人の悪口を言えば、まわりまわっていつかは自分のところにそれが返ってくるものです。

ところが人の浅はかさで、いつの時代にも他人の悪口を吹聴《ふいちょう》する人はいるし、他人をこきおろすことによってしか自己満足を得ることができない情けない人はいるものです。

そして、それが文筆分野なら必ず言われるのが、パクリ、盗作、代筆疑惑という噂です。要するにその人の実力ではなくて、他人の知恵でようやく書き物をしているずるい人だと中傷《ちゅうしょう》するわけです。他人を中傷するやり方は千年前から変わっていないのです。

問題は、そういう他人の悪口に対して、クサされた本人がどうするかです。その対処の仕方によって、その人の値打ちが決まります。

話し合う？　話し合ってだめなら、相手に白手袋を投げつけて決闘する？

トーマス・ジェファーソン米大統領時代の副大統領に、アーロン・バーという人がいました。彼は、自分の悪口を吹聴《ふいちょう》していたアレクサンダー・ハミルトンと決闘し、ハミルトンを射殺したことで、二百年以上経った今もなお「アメリカ史上最悪の副大統領」という汚名が伝えられています。

侮辱され、中傷され、名誉を毀損され、信用を毀損される。これは堪《た》えがたい苦痛です。けれど、小式部内侍は、ただじっと我慢しました。そして、自分に対する中傷を、見事な歌で完全に払拭してしまったのです。

「出る杭《くい》は打たれるけど出過ぎた杭は打たれない」とも言います。

その「出過ぎた」というのは、打たれないために、反論したり、相手に喧嘩を売ったり、逆に相手を攻撃したり決闘を申し込んだりすることではなくて、ひたすら自分自身が精進を続けることです。それが「突き抜ける」ということなのだということを、この小式部内侍の歌は、私たちに教えてくれています。


もうひとつ書いておかなければならないことがあります。

小式部内侍の才能を見抜き、歌会に招いた大納言の息子の藤原定頼が、小式部内侍に、わざわざ噂の真偽《しんぎ》を確認に行ったということは、息子は、父の眼力も、歌会の責任者としての父の才覚さえも「疑った」ということです。

疑うべきものでないものを疑い、疑うべきものを疑わない。つまり、それは長男の藤原定頼が「人間が軽い」ということです。そして千年経った今でも、どの本を見ても、定頼は「軽い男」と書かれています。

彼は、仕事はできた人であったのだろうと思います。けれど、仕事ができて頭が良くても、人を心から信頼することができない。心底から人を信じることができない。簡単に人を疑ってしまい、それを態度にまで出してしまう。だから「軽い」とみなされたのです。彼はこの歌のあと、小式部内侍にフラれただけでなく、千年経った今でも、軽い奴だという不評を買い続けています。

こういうことを、昔の人は「末代までの恥」といいました。ですから昔の人は、藤原定頼のような「末代までの恥」をかくことがないよう、自分を鍛え、人を見抜く眼を養おうとしたし、そのために日々の鍛錬を怠らなかったのです。

結局、小式部内侍も、そんな藤原定頼と別れ、別な男性と結婚しました。けれど、才能あふれる小式部内侍は二十六歳のとき、産後の肥立ちが悪くて亡くなってしまうのです。それは、母の和泉式部よりも先立つ不幸でした。

生きるということは、現世において魂の訓練を受けているのだ、という人がいます。肉体は滅びるけれど、魂は永続していて、その魂がより高度に成長するために、現世で訓練を受けているのだというのです。

神々の心は計り知れませんが、小式部内侍は、この世で他人の悪意に対して、どのように接するべきなのかということを、身をもって教える金字塔《きんじとう》として、千年経ったいまなお、人々の心に生きています。

四　和泉式部――度重なる死別に愛を貫く

自らの死を予期して

この章の締めくくりとして、和泉式部をご紹介したいと思います。

和泉式部は先に紹介した小式部内侍の母であり、平安日記文学の代表『和泉式部日記』も有名な、まさに平安時代を代表する女流文学者のひとりです。

和漢に通じ平安時代を代表する女流文学者である和泉式部が、晩年、自らの死を前にして詠んだ歌が百人一首に収蔵されています。

あらざらむ　この世のほかの　思ひ出に　いまひとたびの　逢ふこともがな

歌の意味は、「私はもう長くは生きていない（在らざらん）ことでしょう。けれどこの世の最後の思い出に、今一度あなたに逢いたいです」というものです。

この時代の「逢ふ」は、男女が関係するという意味がありますから、ここでの「もう一度逢いたい」は、「あの人にもう一度逢いたい、抱かれたい」という意味が込められます。ストレートにも思える愛情表現です。

それだけなら、「ああ、そういう思いもあるのだなあ」という程度の話にしかならないかもしれません。中には「だから和泉式部はエッチな女性だったのだ」などと、下品な論評をしている先生もいます。和歌に少しでも興味をもってもらおうとの気持ちからだとお察ししますが、そこまで品を落とさなくても、ちゃんと解説したら、誰もが感動する歌です。

この歌で和泉式部は「あなたに逢いたい、抱かれたい」と歌っているわけですが、ところがこの歌を詠んだときの和泉式部は出家して尼さんになっていたのです。

尼さんというのは、色恋を含めて俗世のすべてを捨てて御仏《みほとけ》に仕《つか》える人です。そしてこの歌を詠んだとき、和泉式部は、すでに余命《よめい》幾《いく》ばくもなく、相手の男性は、もしかすると、すでにお亡くなりになっている男性なのです。

この歌は『後拾遺集』に掲載されているのですが、詞書《ことばがき》には、「心地《ここち》例ならずはべりけるころ、人のもとにつかはしける」と記されています。病に侵され、余命いくばくもない、あと何日かしたら自分は死ぬのだとわかったとき、彼女は自らの思いを歌に託して、親しい女友達にこの歌を送りました。誰に送ったのかはわかりません。おそらく誰にも言えないような本音を語れる数少ない親しい同性の友達に渡したのであろうとされています。

では、いったい和泉式部は、何を思ってこのような歌を最後にのこしたのでしょうか。

連続する別れ

少女時代の和泉式部は、歌も漢詩もよくでき、字も美しく、将来を嘱望される「とてもよくできた女の子」であったと伝えられています。

美人でかわいらしくて愛嬌《あいきょう》があり、しかも勉強がよくできて、字もきれいで頭のよい。振り返ってみれば、皆さんにも小学校時代の同級生に、そんな子が身近にもいたのではないでしょうか。そんな彼女は、いつの日か自分のもとに美しい王子様が現れて、きっと幸せな結婚をするのだと夢見る少女でもありました。

けれど現実の人生というのは、意外と「しょぼい」ものです。二十歳になった彼女は、平凡な男性である橘道貞《たちばなのみちさだ》と結婚して一女をもうけるのですが、漢学や和学の話をしても、夫はついてこられない。夫にはまるで通じない。

彼女は夫とともに、任地である和泉国（いまの堺、岸和田市のあたり）に赴任するのですが（そのことがきっかけで、彼女は和泉式部と呼ばれるようになりました）、彼女の結婚生活は必ずしも夢見ていた理想の生活ではなかったようです。

任期が終わり、ようやく夫婦で再び都に舞い戻ってきたとき、彼女は子を連れて、夫と別居してしまいます。

ところがそんな彼女の前に、今度は本物のプリンスが現れてしまうのです。それが冷泉《れいぜい》天皇の第三皇子である為尊親王《ためたかしんのう》です。「ソウル・メイト」とでも言うのか、二人はまさに「ひと目あったその日から」熱愛におちいってしまうのです。

けれど和泉式部には、別居しているとはいえ、夫がいて、子もいます。和泉式部の父親の越前守《えちぜんのかみ》大江雅致《おおえまさむね》は、娘のこの交際に激怒しました。我が娘は人妻であり子もいながら冷泉天皇の皇子と関係してしまったのです。

「たいへんなことをしてくれた！」

怒った父は、和泉式部に為尊親王と別れるよう説得します。しかし愛一色に染まってしまった和泉式部には、もはや殿下と別れるなど考えられない。思いあまった父は娘の和泉式部を勘当《かんどう》してしまいます。この時代、親子の縁を切られることは、親から死んでしまえと言われるのと同じくらい重い出来事です。

それでも和泉式部は、為尊親王を愛しました。まさに全身全霊を込めて愛したのです。為尊親王も和泉式部に夢中でした。為尊親王には知性もあり、教養もあります。和泉式部は誰より美しく、しかも教養にあふれています。二人は、互いの会話も楽しくて仕方がない。

許されない恋、禁断の恋、不倫の恋だとわかっていても、だからこそ、いけない恋は、麻薬のように人を狂わせ、夢中にさせます。逢ってはいけないと思うほど逢いたい。周囲の反対が強いほど、互いを意識し、求め合う。そういうことは、世の中によくあるようです。

結局、和泉式部は離婚し、為尊親王と暮らしはじめます。二人の愛は永遠に続くと互いに信じきっていました。

ところが、その為尊親王殿下が、弱冠二十六歳でお亡くなりになってしまうのです。心の底から愛し、周囲の反対を押し切ってまで夢中になった彼が死んでしまった。

和泉式部は、どうしたらいいのでしょう。

悲嘆に暮れる和泉式部の前に、為尊親王の弟の帥宮敦道親王《そちのみやあつみちしんのう》が現れます。帥宮《そちのみや》は、とてもやさしく、兄の葬儀のときにも、まるで消えてしまいそうになっている和泉式部をみかねて、彼女を元気づけ、彼女が再び生きる気力を取り戻すように励ましました。殯《もがり》の間も和泉式部のそばに寄り添ってくれたようです。

自分も尊敬していた兄が愛した女性が、見る影もなく、やつれ果てて悲しみに沈んでいる。これを放っておくことができるほど、帥宮は冷たい男ではありません。帥宮は、和泉式部を気遣い、一度、和泉式部のもとに訪ねて行って、兄貴のために線香をあげたいと彼女に何度も歌を贈っています。

けれど和泉式部にしてみれば、とてもありがたい申し出ではあるけれど、いくら弟君とはいえ、相手は男性。家に上げるのは気がとがめるし、まして愛した男性は為尊親王です。和泉式部は、帥宮の来訪を断りました。けれど相手は宮様です。何度もお断りするのは、あまりにも失礼です。ある日彼女は、帥宮が自宅にお越しになることを承諾しました。

約束どおりに和泉式部を訪ねた帥宮は、和泉式部を元気づけようと、兄の子供時代の楽しい思い出などを語ってくれました。兄は二人にとって共通の思い出の人です。二人の会話は弾《はず》みました。だって愛する為尊親王の、自分の知らない少年時代の思い出をお話してくださるのです。もっと聞きたいと思うのは、ごく自然ななりゆきです。

気がつけば、夜中になっていました。そして、二人は関係をもってしまいます。

やさしい帥宮との出会いは、彼女に再び生きる気力を与えました。けれど彼女の心には葛藤《かっとう》がありました。愛したのは、兄の為尊親王です。今自分を愛してくださっているのは、弟君の帥宮様です。その葛藤の半年を綴った日記が、有名な『和泉式部日記』です。

彼女は、一生懸命に帥宮を愛しました。それは、葛藤はあったけれど、帥宮のやさしさに包まれた幸せな日々でした。

ところがその帥宮もまた、わずか二十七歳の若さで亡くなってしまうのです。

何もかも神は奪い去ってしまう。和泉式部の心中は察して余りあります。和泉式部は、今でいう引きこもりのような状態になってしまいます。

宮中での冷たい視線

そんな和泉式部を見かねたのが、一条天皇の中宮であられた藤原彰子《ふじわらのあきこ》でした。和泉式部は、藤原彰子の実の兄弟の皇子《みこ》二人に愛された女性です。しかも和漢に通じた才媛《さいえん》。引きこもらせておくのは、あまりに惜しい逸材です。

中宮は、彼女を自分の手元で宮中の仕事ができるように取りはからってくれました。和泉式部は、彰子のもとでとても誠実に働きました。けれど宮中の、それも女性ばかりの社会です。周囲の女性たちの和泉式部を見る視線はとても冷たい。

当時の和泉式部のことを、紫式部が次のように書いています。

「和泉式部といふ人こそ、面白《おもしろ》う書き交《かわ》しける。されど和泉はけしからぬ方《かた》こそあれ」

歌や書き物の才能は認めるけれど、人品《じんぴん》が怪《け》しからんというのです。

せっかく中宮の好意で出仕させていただいた和泉式部ですが、周囲の視線は刺すように冷たい。それでも和泉式部は中宮の好意を無にしないように、一生懸命勤めを果たしました。そしていつしか十年の歳月が経ちました。

ある日、中宮のもとに、和泉式部をどうしても妻にもらい受けたいという男性が現れました。五十歳を過ぎて武勇で名の知られた大将軍の誉《ほま》れある藤原保昌《ふじわらのやすまさ》です。和泉式部はこのときすでに三十代半ばで、当時の感覚としては、とっくに婚期を逸しています。「それでもよい」と、藤原保昌は彼女の過去も全部知ったうえで、妻に迎えたいと言ってきてくれたのです。

藤原保昌は、どちらかというと男性にはモテるが、女性にはトンと縁がない、そんな無骨者であったようです。けれど男らしいやさしさをもつ男でもあります。年齢も五十の坂を超え、人格にも深みと包容力が生まれています。人格識見身分とも、申し分のない人物です。

つまり、これは良縁です。和泉式部は、世話になった中宮彰子の勧めもあり、藤原保昌と結婚します。

二人の間には、ほどなくして男の子が生まれました。夫の保昌は、二人の間にできた子も、和泉式部の連れ子の娘も、わけへだてなく愛してくれました。

けれど和泉式部の心の中には、いまだに亡くなった為尊親王や帥宮がいます。ときに昔を思い出し、ひとり涙に暮れる日もあったようです。そんなとき藤原保昌は、黙って和泉式部の肩をそっと抱いてくれました。すべてを承知で、和泉式部を心から愛したのです。

「そういう夫のやさしさに、自分もしっかりと答えていきたい」

和泉式部は、一生懸命に夫の藤原保昌を愛そうとしました。けれど、そう思えば思うほど、為尊親王や帥宮の面影が、ふとしたはずみに浮かんでは消えます。そんなとき彼女は、誰にも見つからないように、ひとりでひそかに泣きました。

夫の保昌は、そんな彼女にちゃんと気づいていました。そして、そんな彼女をやさしく包み込んでくれました。しかし、だからこそ彼女は自分の心が赦《ゆる》せない。夫のやさしさが、とっても残酷に感じてしまうのです。

貴船神社にて

ある日、保昌は、「妻をひとりにしておいてあげよう」と、しばらく家を空けて実家に帰ってしまいます。それは夫の妻を思いやる、男としてのやさしさです。けれど和泉式部には、夫に見捨てられてしまったように感じてしまいます。そこで縁結びの神様として有名な貴船《きふね》神社にお参りに行きました。その参拝の帰りに、和泉式部が詠んだ歌があります。

もの思へば　沢《さわ》の蛍《ほたる》も　我《あ》が身《み》より　あくがれいづる　魂《たま》かとぞみる

この歌の詞書は、「男に忘れられて侍《はべ》りける頃、貴船にまゐりて御手洗川《みたらいがわ》にほたるの飛び侍《はべ》りけるを見て詠める」。和泉式部は、夫の思いやりを、自分が夫に忘れられたと思ってしまったのです。だから貴船神社にお参りをしています。

その帰り道、暗くなった神社の麓《ふもと》を流れる御手洗川に、たくさんのホタルが飛んでいる姿を見て、自分の魂も、もうこの肉体から離れて（死んで）あのホタルとなって、何も考えずに自由に飛び回りたい、そんな歌です。
ところがこの歌を詠んだとき、和泉式部の頭の中に、貴船の神様の声がこだまします。その声を、和泉式部は歌にして書き留めています。

奥山《おくやま》に　たぎりておつる　滝《たき》つ瀬《せ》の　たまちるばかり　物《もの》な思ひそ

貴船神社の御神体は、神社の奥にある滝です。その滝が「たぎり落ちる」ように魂が散る、つまり毎日、多くの人がお亡くなりになっています。要約すると神様の声は、次のようになります。

「貴船神社の奥にある山で、たぎり落ちている滝の瀬のように、お前は魂が散ることばかりを思っておるのか？　人はいつかは死ぬものじゃ。毎日、滝のように多くの人がさまざまな事由で亡くなっていることをお前も存じておろう。人は生きれば、いずれは死ぬのじゃ。お前は生きている。まだ生きているじゃないか。生きていればこそ、ものも思えるのじゃ。なのになぜお前は魂の散ることばかりを思うのじゃ」

和泉式部は、夫との間にできた男の子が元服したのを機会に、夫である藤原保昌から逃げるように、夫に無断で尼寺に入ってしまいます。彼女はそのとき、すでに四十七、八歳となっていたようです（正確な年齢はわからない）。

寺の性空上人《せいくうしょうにん》は、和泉式部が髪をまるめたとき、自分が着ていた墨染《すみぞ》めの袈裟衣《けさごろも》を和泉式部に渡しました。そして、

「この墨染の衣のように、すべてを墨に流して御仏《みほとけ》に仕《つか》えなさい」と仰《おほ》せになりました。彼女も、その衣を着ることで現世の欲望を絶ち、仏僧として余生を過ごそうと決意したのです。

和泉式部は京都の誠心寺《せいしんじ》というお寺に入りました。この寺の初代住職が和泉式部です。ところが住職となって間もなく不治の病に倒れてしまいます。医師の見立てでは、あと二、三日の命。そうと知った彼女は、病の床で最後の歌を詠みます。それが冒頭の、

あらざらむ　この世のほかの　思ひ出に　いまひとたびの　逢ふこともがな

です。彼女はその歌を、親しい友に託《たく》しました。人生の最後に、和泉式部が「もう一度

逢いたい、そのあたたかな胸に抱かれたい」と詠んだ相手が誰だったのかはわかりません。

和泉式部は亡くなりました。彼女は生前にたくさんの歌を遺《のこ》しました。彼女の歌で、特に秀逸とされるのは哀傷歌《あいしょうか》といって、為尊親王がお亡くなりになったときに、その悲嘆の気持ちを詠んだ歌の数々とされています。

けれど小倉百人一首の選者の藤原定家は、和泉式部を代表する歌として、彼女の晩年の最後のこの歌を選びました。歌に使われる文字は、たったの三十一文字《みそひともじ》です。そして、その歌にある表面上の意味は、たんに「もう一度逢いしたい」というものです。けれど、そのたった三十一文字の短い言葉の後ろに、ひとりの女性の生きた時代と、その人生の広大なドラマがあります。人の生きた証が、そこに込められているのです。

逢いたかったのは誰か

さて、「ここだけのお話」を書いてみたいと思います。

この歌の意味は、「私はもう長くはいきていない（在らざらん）ことでしょう。けれどこの世の最後の思い出に、今一度、あなたに逢いたい」というものです。そのお相手は、はたして、最初の夫の橘道貞でしょうか。為尊親王殿下でしょうか。それとも弟君の敦道親王殿下でしょうか。はたまた最後の夫、藤原保昌でしょうか。

じつはこれが筆者の講義の決まり文句で、その答えはこれまで示してきていません。

そこでここでは、筆者なりの答えを書いてみたいと思います。もちろん、その答えが「正しい」ものであるかどうかは、わかりません。どこまでも答えは、和泉式部の心の中です。

私はやはり歌の中にその解答を見出すべきであろうと思います。もう一度、歌をよく見てみましょう。

あらざらむ　　　　私はもうこの世にいないでしょう
この世のほかの　　つまり「あの世」で
おもひでに　　　　想い出の人に
いまひとたびの　　もういちど
逢ふこともがな　　逢えるといいなあ

このように読むことができます。最後にある「もがな」は、願望をあらわす終助詞で、「〇〇になればいいなあ」といった感覚をあらわします。自分の死を目前にした和泉式部が、死ぬ前に逢いたいと詠《よ》んでいるのではなくて、あの世で「もう一度逢いたいなあ」と詠んでいるわけです。つまりそのお相手は、和泉式部よりも先にお亡くなりになっている為尊親王か、弟君の敦道親王のどちらかでしょう。

もちろん、「あの世に行く前に思い出の人に」と解釈することもできます。そうなると、最初の夫の橘道貞か、最後の夫の藤原保昌、あるいはもっと別な男性ということになりますが、その解釈は、筆者は「ない」と思います。

なぜなら、和泉式部が生きた時代には、「肉体には魂が宿る」と考えられていたからです。和泉式部も、死ねば自分も肉体を離れて、もとの魂に戻ると考えていたことでしょう。

そして人の死に際しては、お迎えがあります。仏教では、そのお迎えは、阿弥陀如来様や大日如来様、あるいは仏様であったりするわけですが、それだけではなく、先にあの世に行った祖父母や両親、あるいは男性の場合、先に逝《い》った戦友だったりもするわけです。

だから、魂の永遠を信じる和泉式部は、「大好きだった、想い出のあの人に、あの世で逢えたらいいなあ、きっと逢えるよね？」と詠んだと考えられるのです。

そして和泉式部の御霊がいよいよ肉体を離れたとき、そこには、為尊親王殿下と、弟君の帥宮《そちのみや》のお二人が、ニッコリ微笑《ほほえ》んで、お迎えに来ていたのではないでしょうか。「よく頑張ってきたね」と微笑《ほほえ》む為尊親王。「兄貴も、式部も、よかったね」と二人を祝う帥宮。そのとき和泉式部は涙でいっぱいになって、何も見えなくなっていたことでしょう。

そんな感動の再会の中、「お母さん」と呼ぶ声がします。和泉式部は、大切な娘の小式部内侍を先に失っています。和泉式部は、娘を失ったときにも、悲しみの歌を数多く残しています。ですから、その場には、娘の内侍もお迎えに来ていたことでしょう。

和泉式部さん、次に生まれてくるときは今度こそ、絶対に幸せを手放さないでね、と祈るような気持ちにさせられます。

悲しみの連鎖の中で魂を研いだ歌人

和泉式部の歌は、どれも、まるで空中を落下する水滴を、その途中でピタリと停めてしまうような鋭敏な美にあふれています。個人的には、和泉式部は、日本の歴史が生んだ最高の女流歌人のひとりと思っています。

とびきり美人で才能にあふれ、それだけに感受性が人一倍鋭かった和泉式部は、その美しさと豊かな感受性のゆえに、素晴らしい出会いを経験しています。けれど同時に、その愛を続けて二度も失い、さらに愛娘《まなむすめ》に先立たれるという悲しみを経験しています。

苦労が人の魂を育てるといいます。和泉式部は、女としての人生の悲しみの連鎖の中で魂を研《と》いだのです。だからこそ和泉式部の歌は、千年の時を超えて褪《あ》せない虹彩《こうさい》を放っているのではないでしょうか。

逆にいえば、和泉式部の御霊《みたま》は、そんな苦労の連続の中で、歌の才能を限界まで引き出すという苦難の道を、自ら選んでこの世に生まれてきたのかもしれません。そして為尊親王の御霊は、そんな和泉式部の御霊のもつ願いを叶えるために、あえて先立つという選択をされたのかもしれません。また、帥宮敦道親王は、最愛の人を失うという死ぬより辛い目に遭った和泉式部の心をしっかりと支えるために生まれて来た御霊だったのかもしれません。

そして小式部内侍は、母より先に旅立ちましたが、母の歌への想いを受け継ぎ、次の人生で、思う存分、歌人としての才能を開花させる、そんな選択をしたのかもしれません。本当のことはわかりませんが、私には、小式部内侍の歌風は、江戸時代の俳人《はいじん》の加賀の千代女《ちよめ》の歌風と重なって見えるのです。

男性の私としては、不器用ながら和泉式部を愛し、守り通そうとした最後の夫の藤原保昌と「逢いたい」と言ってほしかったという気持ちがあります。けれど保昌は、妻の求める幸せの半分も満たせなかったかもしれないけれど、妻との間に、後継ぎの男子を得ることができていいます。だから彼はそれでよしとすべきだったのかもしれません。

ここまで書いたとき、日ごろお世話になっている安田倫子先生から、

「最愛の人の子を生むのではなく、最初と最後の夫となってくれた人の子を授かる。これも神のお許らい＝神意でしょう。神仏はちゃんと彼らにも救いをもたらしたのですね」

との指摘をいただきました。

和泉式部が、なぜこれほどまでに素晴らしい和歌を詠むことができたかといえば、もちろん才能もあったでしょうが、それ以上に彼女が本当に苦労したからではないでしょうか。

親も教育も人を育てるものですが、本当に人が育つのは、その人にとっての苦労なのかもしれません。そして苦労を試練とすることで、それを乗り越えて成長の糧《かて》にしてきたのが日本の文化といえるのかもしれません。さらにいうと、そんな苦労を乗り越えた先に、さらにすべてを捨て去る（何もかも失った先に）、本当に大切なことを得ることができるのかもしれない。我が国では古来このように考えられてきたのです。

ここに、一人ひとりを大切にしてきた日本文化の根幹があるし、このような女性の心を愛《め》でる高い精神性こそが、日本文化の精髄《せいずい》なのではないでしょうか。

おわりに

本書では、縄文から始まり、日本と西洋の文化の違い、中世の和歌などを通じて女性によって育《はぐく》まれた日本人の精神の歴史を述べさせていただきました。

こうして女性の心を大切にしてきた文化は、もちろん戦国の世の女性たちの中にも、多数見ることができますし、江戸時代や近現代においても見ることができます。

女性の地位向上の礎に

このたび、新五千円札の顔になった津田梅子は、下総国《しもうさのくに》（今の千葉県）佐倉藩《さくらはん》の武家の娘で、明治初期に米国に留学した女性です。父は津田仙《せん》といいます。福沢諭吉らとともに咸臨丸《かんりんまる》で日本初の親米使節団の一員となった人物です。

仙は佐倉藩の藩校を卒業すると、江戸に出て、オランダ語、英語、洋学、砲術を学びます。その仙の目の前に現れたのが、米国の黒船でした。

「これからの時代は英語だ」と仙は英語を猛勉強し、日本初の親米使節団の通訳として採用されました。慶応三年（一八六七）のことです。

そこで、仙が大きな衝撃を受けたことは想像に難《かた》くありません。

明治になり、北海道開拓官の黒田清隆は、北海道の開拓をするには、同じく広大な土地を開拓した米国に学ぶのが良いと考えました。

女子教育にも関心のあった黒田は、日本女子を米国に留学させ、米国式教育を身につけさせ、帰国後は北海道開拓の良き母になってもらおうという計画を立てました。

そして、政府が派遣する岩倉使節団に女子留学生を随行させることを実現させました。留学期間は十年という長期に及ぶものでした。

この計画を知った仙は、迷わず我が娘・梅子を渡米させる決意をしました。

留学することになった女性は五人。十四歳を筆頭に、最年少は梅子、なんとわずか六歳でした。

米国に向けての出発を横浜港に見送りに来ていた人々は、幼い梅子を見て言ったそうです。

「あんな幼い娘をアメリカにやるなんて、親はまるで鬼ではなかろうか」

このとき梅子が知っていた英語は「イエス」「ノー」「サンキュー」程度でしかありませんでした。

船は明治四年（一八七一）に横浜港を出発。サンフランシスコを経由して十二月にワシントンに到着しました。このとき米駐在公使であった森有礼《ありのり》は梅子を見て、「どうすればいいんだ。こんな幼い子をよこして」と悲鳴を上げたそうです。

それでも梅子は意欲的に、英語、ピアノ、ラテン語、フランス語などのほか、生物学や心理学、芸術などを学びました。

カレッジを卒業し、明治十五年（一八八二）に帰国したときには、日本語で挨拶を交わすのさえ難儀するほどだったそうです。

帰国後の梅子が自分の受けた教育を日本の女性の地位向上のために活かそうと奔走《ほんそう》し、「女子英学塾」（現在の津田塾大学）を設立したのは皆さんご存じのとおりです。

梅子が目指した女性の地位向上は、最近のジェンダーフリーやフェミニズムとはまったく違う、「女性が自らを高める」というものでした。それが梅子の信念であったのです。

やみくもに権利を主張し、差別されていると被害者ぶり、特別待遇を要求したり、逆に男性を貶《おとし》めたり、声高《こわだか》に非難することは、かえって人としての女性の尊厳を損《そこ》ないます。

津田梅子が目指していた女性像は、自ら学び、成長し、聡明《そうめい》で公平な判断ができ、責任感にあふれ、能力がある、それ故に家庭では夫から尊敬され、社会から必要とされる女性でした。

学問は万民のもの

話は、梅子の人生の転機となった、女子留学計画に戻ります。黒田清隆がこの計画を実現させたのは、明治維新からまだ日も浅い明治四年のことです。

このこと自体、素晴らしいことだと思います。国内がまだまだ混乱している中、女子教育に日本の未来を託《たく》したのです。

これは明治政府の方針、つまりは明治天皇のお考えでした。

翌明治五年（一八七二）、明治政府は「学制頒布被仰出書《がくせいはんぷおおいだされしょ》」という太政官布告を発しています。

この中で明治政府は、なぜ学校が必要なのかを説いています。新しい時代に身を立て、財を成し、豊かな人生を送るためには学問しかない。学問は万民のもの、国民一人ひとりにそうした機会が平等に与えられなければならない。

それまでの時代も諸外国にくらべ、日本は教育熱心な国でした。江戸庶民の識字率《しきじりつ》の高さがそれを証明しています。

けれど、明治政府はここで今一度、武士や裕福な商人、農民の子弟だけでなく、日本に生を受けた子供たち全員に学ぶ機会を与えることを宣言したのです。そこには身分差も、もちろん男女の差別もありませんでした。

日本文学に描かれる男女のすれ違い

伊藤左千夫の小説『野菊の墓』は、明治三十九年（一九〇六）に雑誌「ホトトギス」に発表され、夏目漱石が絶賛したことで、大ベストセラーになった小説です。

この小説を読んだのは（たぶん）小学校五年生か六年生のときで、当時、『小学〇年生』

の付録についてきた文庫本だったように記憶しています。

今これを書きながら思い出したのですが、祖父が毎月、この月刊誌を買って私にバイクで届けてくれていました。離れて暮らしていた爺《じい》ちゃんでしたが、孫のことを思ってのことだったんですね。この歳になって、初めて気が付きました。ありがたいことです。

『野菊の墓』を最初に読んだときから大泣きに泣かされ、その後、読み返すたびに泣かされています。映画でも泣かされました。

この物語で描かれるのは、男女の思いの微妙なすれ違いです。

女性の思考を男性は理解ができず、男性の思考を女性は理解ができない。どちらが悪いわけでも、理解力がないわけでもなく、互いに思い合っているのにすれ違ってしまう。

じつは我が国の文学作品は、このような男女の思考のすれ違いを題材にした作品が大変多いことが特徴です。

最古の文学作品といえる古事記でも、イザナギ、イザナミや、ヤマサチヒコとトヨタマヒメなど、挙げていったら本書がいつまでも終わらないくらいに数多くの男女のすれ違いが描かれています。

『源氏物語』にも、そうした男女のすれ違いが描かれ、それが人々の大きな共感を呼んでいます。共感があるからこそ、千年以上にわたって作品が生きているのです。

西洋とチャイナの文学

ところがこうした心のすれ違いのようなものは、西洋の文学には、ほとんど描かれることがありません。

イプセンの『人形の家』にしても、トルストイの『アンナ・カレーニナ』にしても、ハーベイの『テス』にしても、あるいは『シンデレラ』のような童話であっても、女性の気持ちと、男性の脳の働きからくる微妙な心のすれ違いが小説のテーマになることはありません。

シェイクスピアの『ロメオとジュリエット』にしても、二人が愛し合っていたのはわかるけれど、愛し合いながらも、互いの心のすれ違いに葛藤する男女の姿はそこにはありません。

題材はつねに、「物理的に結ばれるか否か」であり、思慕《しぼ》は描かれても、心のすれ違いは、テーマとして扱われません。

誤解を恐れず言ってしまえば、男性の思いは描かれるものの、女性の気持ちに寄り添うものはなく、『人形の家』のように、「手に入れたはずの女性が家を飛び出してしまった。なぜだろう？」といったものが世界最高峰の西洋古典文学作品と讃《たた》えられているわけです。

これがチャイナになると、女性の気持ちが描かれるということ自体が皆無になります。楊貴妃《ようきひ》にしても、虞美人《ぐびじん》にしても、ただ美人であって、武将に愛されているだけの存在です。そこに女性の思いや感情はありません。それどころか女性が男性の意に逆らえば、彼らはその女性を殺して食べてしまうということも描かれています。

こうしたことは何を物語っているのでしょうか。

心を大切にする文化

日本文学に男女の心の微妙なすれ違いが多く描かれ、多くの日本人がそれに共感するのは、日本が築いてきた社会が、とても平和であったということです。

さらに言えば、男女ともに互いの気持ちを大切にすることを重んじる社会環境があったということです。

ではどうして、日本でこのような「心こそ大事」という文化が育《はぐく》まれたのでしょうか。

その最大の理由はもしかすると、日本が天然の災害の宝庫である国土をもつことにあったからかもしれません。

日本では、災害は必ずやって来るものです。忘れたころにやって来る。そのときのために、非常事態を先読みして、事前に手を打っていかなければならないという文化が育まれました。

いまどきのメディアのように、災害が起きてから「大変だ、大変だ」とバカ騒ぎするだけでは、日本列島で血をつないでいくことはできないからです。


そして、この三部作の中で繰り返しお話ししてきたとおり、国家最高権威としての天皇がすべての民衆を「大御宝《おほみたから》」とされました。

国は、その「大御宝」が、いついかなるときにあっても、たとえ天然の災害にあったとしても、必ず安心して生き延びることができるように、日ごろから準備をすることが最大の政治使命となっていったのです。

日本人のお役所に対する信頼意識も、そうした背景から育《はぐく》まれました。もっとも近年では、そうした信頼されるべきお役所が、むしろ信頼を損《そこ》ねる側の存在になってしまっているのは、残念なことです。

国というのは、人々の共同体です。その国の形が一人ひとりを大切にすることを出発点とし、それが国柄にまで育まれると、その国に育った民衆もまた、相互に人を大切にするようになっていきます。

自分も「大御宝」なら、周囲の人たちも「大御宝」です。

同じ「たから」同士、国や郷里や家族や友を大切にし、男であれば女を、女であれば男を大切にするという国柄、文化が育くまれたのです。

男性の脳と、女性の脳は違います。そんな違いが文学や歌になるのは、異なっている者同士が、互いを大切にしていこうという文化が根底にしっかりとあるからです。

互いを思いやり、お互いを大切にしていく。それが日本の国柄です。

『女性の日本史』は、そんなことを私たちに思い出させてくれるように思います。

猛暑が続いた夏のおわりに

小名木善行

著者略歴

小名木善行（おなぎ・ぜんこう）

昭和31年１月生まれ。浜松市出身。上場信販会社を経て執筆活動へ。私塾「倭塾」を主宰。ブログ「ねずさんの学ぼう日本」などで、古典・歴史などを踏まえた分かりやすい日本人論を発信、人気を博す。YouTube番組「倭塾」を運営。著書に『庶民の日本史』『奇蹟の日本史』（グッドブックス）、『縄文文明』（ビオマガジン）、『ねずさんの奇跡の国日本がわかる万葉集』『縄文文明の謎を解く』（徳間書店）、『日本建国史』(青林堂) など多数。

ねずさんが描く女性の日本史

令和６年10月29日　初版発行

著　者　小名木善行

装　丁　長坂勇司（nagasaka design）
構　成　秦まゆな
編　集　良本和惠

発行人　良本光明
発行所　株式会社グッドブックス
〒103－0023　東京都中央区日本橋本町2-3-6　協同ビル602
電話03-6262-5422　FAX03-6262-5423
https://good-books.co.jp/

印刷・製本　精文堂印刷株式会社

ISBN 978-4-907461-44-7